LUIZ FERNANDO CINTRA

ORAR COM OS SALMOS

2ª edição

QUADRANTE

São Paulo

2024

Copyright © 1997 Quadrante Editora

Capa
Gabriela Haeitmann

Com aprovação eclesiástica.

Dados Internacionais de Catalogação na Publicação (CIP)

Cintra, Luiz Fernando
  Orar com os Salmos / Luiz Fernando Cintra — 2ª ed. — São Paulo: Quadrante, 2024.

  ISBN: 978-85-7465-641-0

  1. Bíblia. A.T. Salmos – Comentários I. Título

CDD-223.207

Índice para catálogo sistemático:
1. Salmos : Comentários : Antigo Testamento 223.207

Todos os direitos reservados a
QUADRANTE EDITORA
Rua Bernardo da Veiga, 47 - Tel.: 3873-2270
CEP 01252-020 - São Paulo - SP
www.quadrante.com.br / atendimento@quadrante.com.br

SUMÁRIO

APRESENTAÇÃO 5

DESEJO DE DEUS 19

SEGUIR O CAMINHO DE DEUS 29

PECADO, CONTRIÇÃO E HUMILDADE 55

ANGÚSTIAS E TRIBULAÇÕES 81

CONFIANÇA EM DEUS 113

GRATIDÃO E LOUVOR 141

O REDENTOR 173

APÊNDICE 185

APRESENTAÇÃO

Jesus Cristo rezou com os Salmos. Recitava-os com Maria e José, nas idas semanais à sinagoga, ou nas subidas ao Templo de Jerusalém, por ocasião das festas religiosas. Mas também no dia a dia devia cantarolar os salmos, enquanto se ocupava das tarefas domésticas ou dos trabalhos manuais da carpintaria. Era para Ele uma parte querida e saboreada da Bíblia, tal como para todos os bons israelitas da sua época. Sabia muitas estrofes de cor, que saíam com naturalidade nas conversas diárias.

O cristianismo primitivo, aprendendo de Cristo e dos Apóstolos, baseou muitos dos seus hinos em salmos, e vazou muitos outros num estilo similar.

O cristão perante os Salmos

O Livro dos Salmos é fundamentalmente um livro de oração e louvor a Deus. Em cada poema, de uma forma ou de outra, fala-se com Deus e ouve-se Deus falar.

Cada salmo é uma composição completa em si mesma, que expressa quem e como é Deus para o orante. No seu conjunto resume-se toda a Revelação de Deus ao antigo Israel, bem como a sua resposta a Deus. Nessas orações ficam refletidas, melhor do que em qualquer outro livro do Antigo Testamento, a fé e a espiritualidade de Israel.

Mas também encontramos nelas todo o coração humano, com a sua ordem e a sua desordem, a sua balbúrdia e a sua quietude, as suas guerras e a sua paz. Ao lê-las, vemos — às vezes em aparente e até flagrante contradição —, ao lado de manifestações de um profundo, piedoso e autêntico amor a Deus, sentimentos que nos pareceriam pouco cristãos, como ressentimentos, rancores e ódios, vanglória e autossatisfação.

Para entender esses elementos que podem assustar-nos à primeira vista, precisamos lembrar-nos de que **a palavra de Deus não está acorrentada** *(2 Tm 2, 9): a mensagem que Deus nos quer transmitir não se adapta a uns moldes mais ou menos estreitos. Não nos chega apenas através de preceitos de comportamento, adágios sapienciais ou mesmo vidas modelares; está "encarnada" também, por dizê-lo de alguma forma, na vida concreta de umas pessoas e até de todo o povo, e usa até os seus erros e pecados para o bem.*

Qual deve ser, então, a atitude do cristão perante os salmos?

A mesma que teve Jesus Cristo: usá-los para a oração pessoal, meditá-los e saboreá-los com carinho e desejo de encontrar a Palavra de Deus, admirá-los como parte importante da Revelação do Antigo Testamento. Aliás, para ressaltar a importância que teve para o cristianismo, basta dizer que, se o Novo Testamento cita trezentas e cinquenta vezes o Antigo, quase metade dessas citações se refere aos salmos.

"As expressões multiformes da oração dos Salmos tomam forma tanto na liturgia do Templo como no coração do homem. Quer se trate de um hino, de uma oração de aflição ou de ação de graças, de uma súplica individual ou comunitária, de canto de aclamação real ou de um cântico de peregrinação, ou ainda de uma meditação sapiencial, os Salmos são o espelho das maravilhas de Deus na história de seu povo e das situações humanas vividas pelo salmista. Um Salmo pode refletir um acontecimento do passado, mas é de uma sobriedade tão grande que pode ser rezado na verdade pelos homens de qualquer condição e em qualquer tempo"[1].

Por isso a Igreja, desde há muitos séculos, faz uso frequente deles na Missa e na Liturgia das Horas. "Rezados e realizados em Cristo, os Salmos são um elemento essencial e permanente da oração da sua Igreja e são adequados aos homens de qualquer condição e tempo"[2].

---

(1) *Catecismo da Igreja Católica*, n. 2588.
(2) *Catecismo da Igreja Católica*, n. 2597.

Autor e composição do livro

Quem compôs os salmos? Essa é uma pergunta que não tem uma resposta simples ou segura.

Tradicionalmente, atribuíram-se os salmos ao Rei Davi, por gozar da fama de bom músico e poeta. É provável que Davi ou Salomão tenham composto peças poéticas que agora fazem parte de alguns salmos. Outros nomes que aparecem nas apresentações dos salmos são os dos "filhos de Coré", de "Asaf" e outros. No estado em que os salmos chegaram até nós, porém, é impossível determinar se esses nomes indicam os dos seus reais autores.

É provável que, no começo, essas composições fossem transmitidas oralmente, o que levaria, com toda a certeza, a que fossem experimentando mudanças graduais até chegarem à forma em que se apresentam hoje por escrito. O máximo que se pode fazer é tentar deduzir do próprio texto se a composição reflete um ambiente anterior ao do desterro da Babilônia (século VI a.C.) ou se denota ser de uma época posterior. Pensa-se que o tempo da composição dos salmos vai da época da monarquia (séculos X--VI a.C.) até ao século II a.C., quando teria sido feita a recopilação final.

De qualquer forma, precisar o momento da composição de um salmo, ou saber quem o compôs realmente, não é o mais importante, já que os salmos são obras poéticas inspiradas por Deus, que, ao serem relidas ao longo dos tempos, reapresentam a Mensagem divina aos que fazem deles oração pessoal ou comunitária. Tanto o leitor do século II a.C. como aquele que os lê hoje ou os lerá dentro de vinte séculos, terão muito que aproveitar, porque a Palavra de Deus é eficaz sempre.

As traduções correntes baseiam-se principalmente nos textos hebraico e grego, e na versão latina. Como a divisão e a numeração dos salmos varia nessas fontes, boa parte deles aparece com dois números, um deles entre parênteses. Aqui, por uma questão de simplicidade, usou-se sempre a numeração da Neovulgata, a versão latina mais recente e texto de referência para toda a Igreja; e, para quem tenha interesse em verificar o texto em outras edições da Sagrada Escritura, apresentam-se no Índice os dois números.

O próprio texto tem matizes diferentes no grego e no hebraico, e os tradutores costumam basear-se prioritariamente num deles, esclarecendo passagens obscuras com o outro. Para a presente obra, utilizou-se a recente tradução da Universidade de Navarra, baseada principalmente no texto hebraico, com apoio secundário no grego e na Neovulgata.

Conteúdo e estrutura

A maior parte das composições poéticas do Livro dos Salmos são orações dirigidas a Deus, mas também se encontram ali proclamações das obras do Senhor, descrições da situação de sofrimento do homem, imprecações contra os inimigos, louvores dirigidos ao rei ou à cidade de Jerusalém e exortações para levar uma vida feliz.

Com frequência, os temas mesclam-se numa mesma composição, que recolhe sentimentos diversos, sempre com referência à atuação divina na Criação, na História e na vida do homem. Por essa convergência de diversos temas num mesmo salmo, não é fácil classificá-los, e o agrupamento que fizemos aqui — optando por aquilo que parecia ser o tema dominante ou o de maior interesse para o leitor — certamente não é a única forma possível de classificá-los.

Observemos ainda que os salmos são poesia e devem ser lidos como poesia, isto é, como expressão da emoção religiosa mais do que de um raciocínio teológico. Não nos devem assustar eventuais incoerências, pois refletem as incoerências imaginativas e sentimentais que trazemos dentro de nós.

Não se deve esperar desses textos poéticos definições como as dos catecismos infantis, ou regras morais como as expressas num tratado. Nem sequer uma disposição lógica nos moldes da nossa mentalidade ocidental e moderna. Não são tampouco um manual de espiritualidade ou uma obra didática sobre como falar com Deus.

Outro aspecto a ter em conta é que a poesia hebraica não usava os recursos linguísticos a que estamos acostumados: rimas, métrica, estrofes com cadência igual etc. Lançava mão, isso sim, das metáforas e figuras de linguagem relativas ao sentido;

além delas, o principal recurso poético dos salmistas era o paralelismo, *bastante comum nas línguas semíticas: normalmente, cada par de versos pretende exprimir a mesma ideia sob duas formas diferentes, como o leitor facilmente verá.*

Modernamente, a atenção dos estudiosos tem-se voltado especialmente para o estudo das formas de expressão que se repetem em diferentes salmos e dos sentimentos refletidos por elas. Assim se determina o gênero literário *a que pertence cada peça. Procura-se, então, agrupar os salmos segundo o gênero a que pertencem.*

Os salmos de súplica *perante a ameaça de uma desgraça ou na desgraça, apresentam-se às vezes sob a forma de lamentações, ainda que sempre acompanhadas de expressões de esperança*[3]. *A desgraça pode ser a doença, o perigo de morte ou a perseguição. Estes salmos ganham especial atualidade nas situações da vida em que nos encontremos diante de contradições, dificuldades, obstáculos aparentemente intransponíveis; unir-se ao salmista leva sempre a uma aceitação mais serena desses contratempos e à renovação da esperança na proteção divina. Mas mesmo nas situações da vida em que não ocorrem esses problemas, estes salmos são uma ajuda para pensar nas dificuldades alheias e, sobretudo, para referi-las a Jesus Cristo, que, sendo totalmente inocente, sofreu indizivelmente por nós.*

---

(3) Com a única exceção do Salmo 87 (88).

Os hinos *ou* salmos *de louvor proclamam a grandeza e a bondade divinas. Esse louvor pode dever-se ao poder manifestado por Deus na história, na natureza, na produtividade das colheitas ou em outras realidades. Às vezes, são hinos ao Deus criador e salvador, ou hinos à realeza de Deus, ou ainda hinos a Sião (Jerusalém). Em todos eles, podemos dar expressão ao nosso louvor a Deus, a Jesus Cristo, à sua Igreja. A adoração e o louvor são a forma mais elevada de oração. Não podemos limitar-nos a pedir a Deus, mas devemos reconhecer, dentro da nossa pobre condição de criaturas, a sua grandeza e bondade.*

Os salmos de ação de graças *estão em íntima conexão com os anteriores. Quem reconhece a maravilha das ações de Deus agradece por elas. Mas, quanto ao gênero literário, podem-se discernir certas composições que dedicam espaço especialmente à recordação do auxílio recebido quando se estava numa situação angustiosa; o contexto dessa oração geralmente era o Templo, aonde se tinha dirigido aquele que recebeu o benefício divino, para oferecer um sacrifício de ação de graças. A oração com esses salmos pode levar-nos a ser mais gratos a Deus por todos os benefícios, conhecidos ou desconhecidos, que nos concede.*

Nos salmos sapienciais, *louvam-se a Lei divina e os bens que se recebe por cumpri-la. Chamam-se também "salmos didáticos", pois se referem ao "ensinamento" divino. Lidos na atualidade, podem ajudar a pensar na necessidade de amoldar os próprios atos* à Vontade divina, mesmo nos seus menores detalhes, crescendo nas virtudes como manifestação do desejo de crescer no amor a Deus.

Os Salmos no Novo Testamento

Jesus lançou mão de alguns salmos em momentos especiais da sua vida. Para justificar os louvores que recebia das crianças ao entrar em Jerusalém: Da boca das crianças e dos meninos de peito preparastes um louvor *(Sl 8, 3)*; para dirigir-se a Deus do alto da cruz: Meu Deus, meu Deus! Por que me abandonastes? *(Sl 22, 2)*; para mostrar a superioridade do Messias com relação a Davi: Oráculo do Senhor ao meu senhor: Senta-te à minha direita... *(Sl 110, 1)*. E em várias outras ocasiões.

Além disso, rezou alguns salmos com os Apóstolos na Última Ceia. E comentou explicitamente que tanto os Salmos como a Lei e os Profetas se referiam a Ele *(cf. Lc 24, 44)*. Dessa forma dava-lhes um significado novo, transcendendo o sentido que já tinham, mas em continuidade com o antigo.

Depois da partida de Cristo, e seguindo a orientação dada por Ele, os Apóstolos entenderam que os salmos se haviam cumprido na vida terrena do Mestre e na implantação da Igreja. Afirmam que a forma de ensino de Jesus através de parábolas já estava predita: Abrirei a minha boca em parábolas *(Sl 78, 2; cf. Mt 13, 35)*; mostram que até os pormenores da

Paixão já haviam sido anunciados: Repartiram entre si as minhas vestes e lançaram sortes sobre a minha túnica *(Sl 22, 19; cf. Mt 27, 35), e que também a realidade da sua Ressurreição havia sido predita:* Porque não abandonareis a minha alma no sheol nem permitireis que o vosso santo conheça a corrupção *(Sl 16, 10; cf. At 2, 31).*

Também São Paulo recolhe expressões de numerosos salmos para mostrar, por exemplo, a situação da humanidade pecadora e a necessidade da redenção de Cristo: Não há quem faça o bem, não há um só *(Sl 14, 3; cf. Rm 3, 11-12). A Carta aos Hebreus fala do sacerdócio definitivo de Cristo apoiando-se num texto do salmo:* O Senhor jurou e não se arrepende: "Tu és sacerdote para sempre segundo a ordem de Melquisedec" *(Sl 110, 4; cf. Heb 5, 5-10).*

O uso dos salmos que se faz no Novo Testamento abre dimensões de significado que ultrapassam o sentido que cada salmo tem no interior do Antigo. Os textos ganham um novo significado e o seu sentido pleno. É nessa perspectiva que convém interpretá-los, e assim terão muito maior riqueza a oferecer-nos.

De uma forma ou de outra, todos os salmos podem ser referidos a Jesus Cristo. Porém, há duas instituições de Israel que guardam especial relação com Ele: o Rei e o Templo. Ambos anunciam Cristo, ainda que de forma diferente, e nEle culminam.

Nos salmos do Rei *(2; 21; 45; 72 e 110) — também chamados "salmos messiânicos" —, faz-se referência à promessa de Deus sobre o Ungido, descendente de*

Davi. No Novo Testamento, compreender-se-á que tais promessas se cumpriram em Jesus Cristo e aplicar--se-ão a Ele, de um modo estrito, expressões que nos salmos tinham apenas um sentido metafórico.

É necessário destacar também o Templo de Jerusalém como lugar máximo do encontro dos homens do Antigo Testamento com Deus. Os salmos fazem--lhe contínua referência, seja manifestando a alegria de estar nele ou a saudade de estar distante dele. No Novo Testamento, Deus faz-se presente entre os homens na humanidade de Cristo, que passa a ser o novo Templo. O cristão aspira, não já a morar no Templo, mas a viver em Cristo.

Na leitura atual dos salmos, o cristão pode aplicar as imagens do Templo e do Rei a Jesus Cristo, e os salmos ganham então uma nova dimensão e enorme atualidade.

Orar com os Salmos

Procuramos aqui selecionar alguns dentre os 150 Salmos da Bíblia, dando-lhes um título acompanhado de um texto que facilite a meditação, em função das diversas circunstâncias pelas quais passa uma alma. Suprimiram-se os versículos introdutórios, quando indicam o possível autor, a melodia, os instrumentos etc., uma vez que pouco têm a ver com a meditação pessoal.

Os salmos eram cantados individual ou coletivamente pelo povo de Israel. Manifestam os mais variados sentimentos e circunstâncias: júbilo e pranto, triunfos e derrotas, tranquilidade e angústia, alegria e indignação, confiança e frustração, lamento e prece, agradecimento e louvor; enfim, um tumultuar de afetos expressos muitas vezes com profunda suavidade.

Como dizia Santo Ambrósio, "qualquer sentimento encontra o seu eco no livro dos Salmos". E expressa-se muito bem ao dizer que "encontra eco", porque em muitas ocasiões as palavras do salmista parecem uma tradução poética do que se passa no mais profundo do nosso coração; ao lê-las, identificamo-nos com elas, vendo reproduzidos em palavras sentimentos que não conseguiríamos exprimir nem para nós próprios, nem na elevação da nossa oração a Deus. Trata-se de encontrar a palavra certa para o momento certo.

Para orar com os salmos convém, pois, deixar-se levar por eles: embalar-se no seu ritmo, deixar as cordas do nosso coração vibrarem ao som da trombeta, da harpa, da lira, da flauta e do címbalo, que são instrumentos citados nos salmos como acompanhamento para o canto. Não se trata tanto de tentar "dissecar" o texto, separando cada verso e analisando-o como um especialista talvez fizesse sobre os papiros da Sagrada Escritura, mas de captar os versos que nos tocam. *Será, em muitas ocasiões, aquela frase que o Espírito Santo deixou consignada pelo escritor sagrado para que estivesse diante dos nossos olhos naquele dia, naquela situação, naquele exato momento em que nós necessitávamos dela.*

Podemos procurar unir-nos à oração do salmista *quando eleva a Deus a sua súplica, o seu louvor ou o seu pedido de perdão. É então que percebemos o que há de comum entre todos os seres humanos, desde que o mundo é mundo. Os problemas, as necessidades, as aflições, as ansiedades, as alegrias, a esperança..., deram-se e se darão sempre entre os homens. Dessa forma não nos sentimos sós, porque nos acompanham as almas de fé de todos os tempos.*

Pode acontecer que um salmo hoje não nos diga nada, e depois de amanhã seja como um mar de luz, que se projeta no nosso coração. O que mostra, por um lado, a instabilidade da condição humana e, por outro, que Deus "brinca com os homens" (cf. Pr 8, 30-31), trazendo-lhes a Palavra no momento em que julga mais conveniente.

Há pessoas que gostam de ler um salmo no início ou no fim do dia, para tê-lo presente ao longo da jornada ou para que feche e explique o dia que termina, ajudando a ter bons sonhos. Há outros que preferirão tomá-los como texto para um tempo de meditação diária, servindo-se de alguns para avivar os afetos e tirar propósitos para a vida cristã.

Seja como for, a todos convém contemplar os salmos num clima interior de serenidade. Talvez na quietude do quarto ou da igreja mais próxima, ou então no ruído do ônibus ou do metrô, mas mergulhados no silêncio da alma.

DESEJO DE DEUS

Os salmos que se agrupam neste primeiro conjunto têm como tema comum o desejo de contemplar a Deus.

O primeiro, Salmo 137, reflete a situação dos israelitas na Babilônia durante o período do desterro (587-538 a.C.). Pode servir-nos para ter presente que o cristão está como que de passagem em terra estranha nesta vida. O salmista indica, porém, que voltar-se para Deus e alimentar as saudades da pátria definitiva — o céu — confere o seu devido valor também à felicidade neste mundo.

O Salmo 42 indica que esse desejo de Deus não é uma tênue saudade, mas um autêntico ardor, uma ânsia parecida com a da sede. Num movimento que lembra o vaivém das ondas, o poeta contrasta as contrariedades internas e externas — "os adversários, o inimigo" —, que pretendem mergulhar o homem na tristeza e no desalento, com a esperança que nasce da fé, da firme confiança de quem sabe que o Senhor é a sua "Rocha".

"A alma que de verdade ama a Deus não pode estar satisfeita e contente enquanto não o possuir realmente. Todas as coisas que não são Deus, não só não

satisfazem a alma, como aumentam o desejo de vê-lo tal qual Ele é"[1]: estas palavras de São João da Cruz são um perfeito resumo do Salmo 63.

No Salmo 27, encontramos o vínculo entre fortaleza e esperança: sem a esperança, que se manifesta na confiança em Deus, o homem não busca o Senhor e deixa-se afundar no pântano da tristeza e da derrota.

Por fim, o Salmo 84, sob a imagem da "peregrinação" ao Templo de Jerusalém (os "átrios" do Senhor) apresenta ao menos um vislumbre da felicidade que o cristão experimenta à medida que se torna mais intensa a sua união com Deus.

Salmo 137 (vs. 1-6)
Mesmo distantes de Deus, suspiramos por Ele.

1 Junto dos rios da Babilônia[2],
ali nos assentamos chorando,
ao lembrar-nos de Sião.
2 Nos salgueiros daquela terra,
penduramos as nossas cítaras.

---

(1) São João da Cruz, *Cântico espiritual*, 6, 3.

(2) "Babilônia" era, para os israelitas, imagem do desterro e do afastamento de Deus. Pode entender-se como imagem do distanciamento de Deus que o pecado causa na alma humana.

3   Ali, os que nos trouxeram cativos
    pediram-nos um cântico,
    e os nossos opressores, alegria:
    "Cantai-nos cânticos de Sião"³.

4   Como cantaremos um cântico ao Senhor
    em terra estranha?
5   Se eu me esquecer de ti, ó Jerusalém,
    que se paralise a minha destra!
6   Que a minha língua se cole ao paladar
    se não me lembrar de ti⁴,
    se não puser Jerusalém à cabeça das minhas
    alegrias!

Salmo 42
Sede de Deus no meio das dificuldades.

2   Como o cervo anseia pelas fontes das águas,
    assim vos deseja a minha alma, ó meu Deus.
3   A minha alma tem sede de Deus, do Deus vivo;
    quando irei e contemplarei o rosto de Deus?

---

(3) Solicitação irônica, pois os "cânticos de Sião" eram as músicas de louvor a Deus cantadas no Templo; na boca dos "opressores", o pedido equivale mais ou menos a "mostrai agora o poder do vosso Deus".

(4) O Salmista pede que se lhe paralisem a mão e a língua, isto é, que se torne incapaz de tocar a cítara e de cantar.

⁴ As minhas lágrimas são o meu pão dia e noite,
   quando [os adversários] me dizem sem cessar:
                    "Onde está o teu Deus?"
⁵ Lembrei-me — e a minha alma derramou-se
                    dentro de mim⁵ —
   de como caminhava para o lugar
                    do admirável tabernáculo⁶,
   para a casa de Deus, entre clamores de júbilo
                    e louvor
   da multidão que celebrava a festa.

⁶ Por que estás triste, ó minha alma, e por que
                    te inquietas dentro de mim?
   Espera em Deus, porque ainda hei de louvá-lo:
   Ele é a salvação do meu rosto⁷ e o meu Deus.

⁷ A minha alma entristeceu-se dentro de mim;
   por isso lembro-me de Vós
   no país do Jordão e do Hermon, e do monte Misar.
⁸ Um abismo chama outro abismo
                    no rugido das vossas cataratas;

---

(5) Equivale a "a minha alma encheu-se de nostalgia".

(6) O "Tabernáculo" ou Santo dos Santos era o recinto central, mais sagrado, do Templo de Jerusalém, onde se guardava a Arca da Aliança e onde residia a Presença de Deus. Os sacrifícios ofereciam-se diante desse recinto, do lado de fora.

(7) Ou "salvação da minha honra"; por extensão, da minha pessoa, de mim mesmo.

> todos os vossos vagalhões e as vossas torrentes
> passaram sobre mim[8].

9 De dia o Senhor envia a sua misericórdia
e de noite acompanha-me o seu cântico[9]:
uma oração ao Deus da minha vida.

10 A Deus direi: "Ó minha rocha,
por que me esqueceis,
por que caio na tristeza
quando o inimigo me oprime?"

11 Enquanto se quebrantam os meus ossos[10],
os que me perseguem zombam de mim
dizendo-me todo o dia: "Onde está o teu Deus?"

12 Por que estás triste, ó minha alma,
e por que te inquietas dentro de mim?

---

(8) O salmista encontra-se na região das nascentes do Jordão, ao pé do monte Hermon, no norte de Israel, longe de Jerusalém. Contempla as cachoeiras e as torrentes de montanha, e nas águas turbulentas e ameaçadoras encontra uma imagem dos sofrimentos que padece. A palavra *abismo* designa literalmente o mar, mas é usada com frequência, no Antigo Testamento, como figura das ondas e vagas tumultuosas. Vale a pena reparar no belo contraponto poético que o autor faz entre a imagem da água aqui, como elemento da desordem e da ameaça; no meio do salmo, sob a forma de "lágrimas"; e no começo, onde é elemento benéfico que sustenta a vida.

(9) O cântico em honra de Deus entoado pelo salmista.

(10) Enquanto envelheço ou perco as forças.

Espera em Deus, porque ainda hei de louvá-lo:
Ele é a salvação do meu rosto e o meu Deus.

Salmo 63 (vs. 2-9)
Procurar a Deus da manhã até a noite, pois apenas Ele é o bem que sacia.

2. Ó Deus, Vós sois o meu Deus;
   ao amanhecer vos procuro,
   a minha alma tem sede de Vós
   e a minha carne por Vós anseia
   na terra deserta e árida e sem água.
3. Assim, fui contemplar-vos no Santo[11],
   para ver o vosso poder e a vossa glória.

4. Porque a vossa misericórdia é melhor do que a vida,
   os meus lábios vos louvarão.

5. Assim vos bendirei em toda a minha vida,
   e erguerei as minhas mãos[12] em vosso Nome.
6. A minha alma será saciada como de gordura e abundância[13],
   e com lábios exultantes a minha boca vos louvará.

---

(11) Equivale aqui ao Tabernáculo do Templo de Jerusalém.

(12) Gesto de adoração ou de súplica.

(13) A gordura era, para o antigo israelita, a iguaria mais deliciosa e cobiçada.

7. Quando, no leito, me lembro de Vós,
   passo as vigílias da noite a meditar em Vós.
8. Porque Vós sois o meu apoio,
   exulto de alegria à sombra das vossas asas.
9. A minha alma agarra-se a Vós,
   sustenta-me a vossa destra.

Salmo 27
Confiança e firmeza na busca da única coisa necessária.

1. O Senhor é a minha luz e a minha salvação,
   a quem temerei?
   O Senhor é o protetor da minha vida,
   de quem terei medo?
2. Quando os malfeitores caem sobre mim
   para devorar a minha carne,
   são eles mesmos, os meus adversários e inimigos,
   que enfraquecem e morrem.

3. Se tomar posição contra mim todo um exército,
   o meu coração não temerá;
   se se erguer contra mim a batalha,
   mesmo assim esperarei.

4. Uma só coisa pedi ao Senhor, e é esta que buscarei:
   que possa morar na casa do Senhor
   todos os dias da minha vida,

para admirar a beleza do Senhor
e contemplar o seu Templo.

5 Assim Ele me ocultará na sua tenda
no dia dos males.
Esconder-me-á no segredo do seu tabernáculo,
erguer-me-á ao alto de um rochedo.
6 Então será exaltada a minha cabeça
acima dos inimigos que me cercam;
e oferecerei no seu tabernáculo sacrifícios
de regozijo,
cantarei e entoarei salmos ao Senhor.

7 Escutai, Senhor, a voz com que clamo,
tende piedade de mim e ouvi-me.
8 O meu coração diz de Vós: "Busca o seu rosto!"
O vosso rosto, Senhor, buscarei.

9 Não desvieis, Senhor, a vossa face,
nem rejeiteis com ira o vosso servo.
Vós sois o meu amparo, não me recuseis
nem me abandoneis, ó Deus da minha salvação.
10 Mesmo que o meu pai e a minha mãe me
abandonem,
o Senhor me acolherá.

11 Mostrai-me, Senhor, o vosso caminho
e guiai-me pela senda reta por causa dos meus
inimigos.
12 Não me entregueis ao capricho
dos que pretendem atormentar-me,

pois contra mim se ergueram falsas testemunhas[14]
que respiram violência.

13. Creio que verei a bondade do Senhor
                               na terra dos viventes!

14. Espera no Senhor, age varonilmente,
reconforta o teu coração
e confia no Senhor!

Salmo 84
O menor vislumbre do céu vale mais que todos os bens terrenos.

2. Como são amáveis as vossas moradas,
                               Senhor dos exércitos!
3. Minha alma consome-se e desfalece
                               pelos átrios do Senhor.
O meu coração e a minha carne exultam no Deus
                               vivo.
4. Até o pássaro encontra um abrigo,
e a andorinha faz um ninho onde pôr os seus
                               filhotes:
os vossos altares, Senhor dos exércitos,
                               meu rei e meu Deus!
5. Felizes os que habitam na vossa casa, Senhor:
eles vos louvarão para sempre.

---

(14) No caso, detratores ou caluniadores.

⁶ Feliz o homem cujo socorro está em Vós,
e no seu coração decide peregrinar.

⁷ Ao atravessarem o vale árido,
eles [os peregrinos] o transformam em fontes,
e a chuva matinal vem cobri-los de bênçãos.
⁸ Caminham de força em força[15],
porque verão o Deus dos deuses em Sião.
⁹ Senhor, Deus dos exércitos, escutai a minha

oração,

prestai-me ouvidos, ó Deus de Jacó.
¹⁰ Ó Deus, nosso escudo, olhai;
vede a face do vosso ungido!

¹¹ Um dia nos vossos átrios vale mais

do que mil fora deles;

prefiro permanecer no limiar da casa do meu

Deus

a morar nas tendas dos pecadores.
¹² Porque o Senhor Deus é sol e escudo,
o Senhor dá a graça e a glória;
não recusa os seus bens
aos que caminham na inocência.
¹³ Ó Senhor dos exércitos, feliz o homem

que espera em Vós!

---

(15) Com forças crescentes, renovadas.

SEGUIR O CAMINHO
DE DEUS

Todo o Livro dos Salmos está impregnado com o tema da opção que Deus propõe ao povo de Israel e, na verdade, a todo homem: aderir à sua Vontade amorosa, expressa nos mandamentos da Lei Natural — ou, para o fiel israelita, da Lei de Moisés —, ou então preferir-lhe a vontade própria, os "caprichos do coração" (cf. Sl 81, 13). É substancialmente a mesma escolha de Adão repetida na vida de cada um: Podes comer do fruto de todas as árvores do jardim; mas não comas do fruto da árvore da ciência do bem e do mal, porque, no dia em que dele comeres, sem dúvida morrerás *(Gn 2, 16-17).*

O Salmo 1 exprime esse dilema já na abertura do saltério, apresentando os dois "caminhos" e o fim a que conduzem: a felicidade que aguarda o "justo", aquele que segue a via indicada pela Lei, ou a perdição que aguarda o "pecador", o "ímpio", o "inimigo", que escolhe o seu egoísmo.

De acordo com a mentalidade simples e concreta dos salmistas e dos seus contemporâneos, a "recompensa" do "justo" costuma ser apresentada por meio de imagens que apontam para uma felicidade neste mundo: terá prosperidade (cf. Sl 1, 3), uma descendência fecunda e poderosa (cf. Sl 128, 3.6; 112, 2; Sl 127, 3-5), glória e riqueza (cf. Sl 112, 3) etc.

Quem tomasse essas metáforas ao pé da letra correria o risco de pensar que o bem-estar material e o sucesso neste mundo são uma espécie de "boa nota" divina atribuída ao seu "bom comportamento"; e, em consequência, de ver em toda a adversidade um "castigo" mais ou menos arbitrário infligido pelo Senhor por causa dos próprios pecados. Semelhante perspectiva envenenaria completamente toda a vida espiritual e o relacionamento com Deus, que não se apoia no temor, em castigos e prêmios, mas no amor e na completa entrega mútua entre o Pai-Deus e o filho-criatura.

O cristão entende essas imagens num sentido mais profundo: como modos humanos de tornar de alguma forma palpável a felicidade absoluta, eterna, que encontramos ao cumprir a missão divina para a qual fomos criados e através da qual nos realizamos, nos "tornamos reais". Essa felicidade, que só se desvelará plenamente no céu, coexiste muitas vezes nesta vida com situações de sofrimento, perseguição e dor, embora lhes confira sentido e assim as torne suportáveis e até amáveis.

É necessário ter presente também que os termos "Palavra de Deus", "Lei de Deus", "Mandamentos", "preceitos" etc., e até "promessas", costumam ser usados mais ou menos como sinônimos nos salmos, mas com um significado mais amplo do que o de "normas de comportamento" emanadas da autoridade divina e registradas em códigos, como por exemplo os Dez Mandamentos. Designam antes a totalidade da Ordem do Universo, o Plano divino e eterno da Criação: assim como Deus "ordena" a sucessão das estações e "manda" às estrelas e planetas que percorram as suas órbitas (cf. por exemplo Sl 33, 9) — por isso a Lei é tão estável como o céu (Sl 119, 89) —, assim também manda que o homem seja honesto, fiel e caridoso. A lei moral é, nessa perspectiva, apenas uma parte da "Lei" que rege o mundo inteiro.

Neste ponto, os salmos retomam a doutrina do Gênesis: Deus cria por meio da Palavra (por exemplo, Deus disse: "Faça-se a luz!". E a luz se fez; Gn 1, 3) e ordena a matéria informe ("separa" a luz das trevas, o firmamento das águas, o mar da terra etc.; cf. Gn 1, 4.7.9). Essa ação não está terminada, mas prolonga-se até o fim dos tempos. "Cumprir os mandamentos" permite, portanto, ao homem aderir ao divino plano criador, integrar-se na ordem do conjunto e nela desempenhar a missão que lhe cabe a ele, individualmente, ou, no caso de Israel, também coletivamente. E na medida em que participa desse vasto projeto por meio da "obediência aos preceitos", encontra nele a sua mais completa realização pessoal.

A "Lei do Senhor", enquanto ordenamento da Criação, representa a "verdade", o padrão, o mundo tal como deve ser segundo o querer divino e o caminho que cada homem deve percorrer para chegar à felicidade; e a "mentira" designa nesse contexto tudo aquilo que se afasta desse plano, isto é, todo o pecado, seja de que tipo for, uma vez que o pecado sempre contraria a reta ordem estabelecida pelo Senhor e, em consequência, conduz à autodestruição do ser humano. Por isso veremos diversas vezes o salmista manifestar o seu ódio aos "caminhos da mentira".

No Salmo 81, indica-se também em que consiste, em essência, o "castigo" dos pecadores: Deus entrega-os à dureza dos seus corações, *deixa-os seguir os seus caprichos, ou seja, simplesmente respeita-lhes a liberdade e permite que sofram as consequências naturais do mal que se empenham em praticar. Como uma criança obstinada e cega que não permite que ninguém lhe diga o que deve fazer, o homem soberbo segue o caminho das suas paixões desordenadas, que acabarão por transformá-lo em* palha que o vento leva *(Sl 1, 4), um ser sem substância, sem sentido e sem direção.*

A Lei também representa para o homem a Salvação. Mais uma vez, só o cristão poderá entender em toda a sua profundidade este ensinamento, lembrando-se de que Cristo, a Segunda Pessoa da Santíssima Trindade encarnada, é o Verbo de Deus *(Jo 1, 1), isto é, a própria* Palavra *divina criadora, a* Sabedoria *divina ordenadora (cf. Pr 8, 22-31), o cumprimento das* promessas *divinas feitas aos antigos patriarcas e a* plenitude da Lei *(cf. Mt 5, 17).*

Esta é a ótica pela qual é preciso considerar os salmos aqui reunidos, e assim entenderemos como podem os seus autores proclamar, com imagens inesperadas, mas também com espírito profético, que a Lei é como o ar que se respira (cf. Sl 119, 131) ou o sol que ilumina e aquece (cf. Sl 19, 5-7), melhor que o ouro e a prata (cf. Sl 19, 11; 119, 72.127), mais doce que o mel e o favo gotejante (Sl 19, 11; cf. 119, 113).

São Paulo diz-nos, na Epístola aos Romanos, que a Lei foi o nosso pedagogo até Cristo, a fim de que fôssemos justificados pela fé (Gl 3, 24). O pedagogo era, nas famílias antigas, o escravo que conduzia o filho da casa à escola. O cumprimento do dever, a luta pela perfeição moral — Sede perfeitos como o vosso Pai celeste é perfeito (Mt 5, 48) —, não representa a essência da vida cristã, que é o amor a Deus em união com Jesus Cristo. Apenas guardar a Lei não basta, como indica o Salmo 127; mas cumpri-la é o que nos permite chegar a essa união, para depois podermos proclamar com Santo Agostinho o lema da santa liberdade dos filhos de Deus: "Ama e faz o que quiseres".

Salmo 1
Os dois caminhos.

1   Feliz o homem que não segue o conselho dos
                                                        ímpios,
    e não se detém no caminho dos pecadores,
    nem se assenta entre os escarnecedores[1],

---

(1) Convém reparar na progressão "segue o conselho" — "detém-se" — "assenta", que indica estágios sucessivos e crescentes de afastamento de Deus.

² mas põe a sua vontade na Lei do Senhor
e medita na sua Lei dia e noite.

³ Será como a árvore plantada na margem das
águas,
que dará fruto no tempo devido;
a sua folhagem não murchará
e tudo o que empreender prosperará.

⁴ Não assim os ímpios, não assim!
Antes são como a palha que o vento leva.

⁵ Por isso não se levantarão os ímpios no juízo,
nem os pecadores na assembleia dos justos.

⁶ Pois o Senhor vela pelo caminho dos justos,
ao passo que o dos ímpios acaba na perdição.

Salmo 81
Deus adverte o seu povo para que dê ouvidos à sua voz.

² Exultai em Deus, nossa força,
aclamai o Deus de Jacó.
³ Entoai o salmo, tocai o timbale,
o alegre saltério e a cítara.
⁴ Fazei soar a trombeta na lua nova,
na lua cheia, dia da nossa festa.

⁵ Porque é uma regra para Israel,
um preceito do Deus de Jacó;
⁶ impôs este preceito a José
quando saiu da terra do Egito.
Ouvi palavras que [até então] não conhecia:

⁷ "Aliviei os seus ombros do peso,
as suas mãos soltaram o cesto[2].
⁸ Invocaste-me na tribulação e libertei-te,
ouvi-te das profundezas da tempestade[3],
provei-te junto das águas de Meribá[4].

⁹ "Ouve, ó meu povo, e responder-te-ei;
possas tu ouvir-me, ó Israel!
¹⁰ Não terás um deus estranho
nem adorarás um deus estrangeiro[5].

---

(2) O cesto no qual os israelitas carregavam o barro para fazer tijolos, quando eram escravos no Egito (cf. Ex 1, 14; 6, 6). Pela graça de Jesus Cristo, Deus liberta o cristão da escravidão do pecado, como outrora libertou o seu povo da escravidão física.

(3) A tempestade era considerada frequentemente manifestação do poder ou da voz de Deus.

(4) Onde o Senhor fez sair água da rocha, para demonstrar o seu poder aos israelitas que desesperavam da sua salvação no deserto. Cf. Nm 20, 2-13.

(5) Pode-se aplicar essa expressão não apenas à idolatria, mas a todos os pecados, em que o homem se erige como deus de si mesmo.

11 "Pois Eu sou o Senhor, teu Deus,
que te fez sair da terra do Egito.
Abre a tua boca e Eu a encherei.

12 "Mas o meu povo não ouviu a minha voz,
Israel não me obedeceu.
13 Por isso entreguei-os à dureza dos seus corações,
deixei-os seguir os seus caprichos.

14 "Ai, se o meu povo me tivesse escutado,
se Israel tivesse andado pelos meus caminhos!
15 Em breve Eu teria derrotado os seus inimigos
e teria posto a minha mão sobre os seus
                                    adversários.

16 "Os inimigos do Senhor os adulariam,
a sua sorte estaria assegurada para sempre;
17 tê-los-ia alimentado com a flor do trigo
e fartado com o mel do rochedo".

Salmo 19
Perfeição da Lei divina e pequenez humana.

2 Os céus narram a glória de Deus,
e o firmamento anuncia a obra das suas mãos.
3 Um dia transmite ao outro a palavra,
e uma noite refere à outra a notícia.
4 Não é uma língua nem são palavras,
pois não se ouvem vozes:

⁵ [no entanto,] por toda a terra espalha-se o seu
rumor,
e a sua mensagem chega até aos confins do
mundo[6].

Ali armou Deus uma tenda para o sol,
⁶ e este, como um esposo que sai do leito,
exulta como um gigante que percorre o seu
caminho.
⁷ Ergue-se num extremo do céu
e o seu curso chega ao outro extremo,
e não há nada que escape ao seu calor[7].

⁸ A Lei do Senhor é perfeita, reconforta a alma;
o mandamento do Senhor é fiel[8],
confere sabedoria aos pequeninos.
⁹ Os ditames do Senhor são retos, alegram os
corações;
o preceito do Senhor é luminoso, dá luz aos
olhos.
¹⁰ O temor do Senhor é puro, permanece
pelos séculos dos séculos;

---

(6) A Lei, "palavra" não verbal, estende-se a toda a Criação.

(7) Assim como a luz e o calor do sol estendem a sua ação purificadora e reconfortante a toda a superfície da terra, assim a Lei atinge, penetra e abarca tudo.

(8) A palavra "fiel" usa-se nos salmos, muitas vezes, com o significado de "firme, digno de confiança, apto como ponto de apoio".

os juízos do Senhor são verdadeiros,
todos igualmente justos,
¹¹ mais desejáveis que o ouro e a pedra muito
preciosa,
mais doces que o mel e o favo gotejante.

¹² [Mas,] mesmo que o vosso servo os estude
e encontre grande proveito em guardá-los,
¹³ quem poderá enxergar [todas] as faltas?
Limpai-me das que estão ocultas
¹⁴ e preservai o vosso servo do orgulho, não seja
que me domine!
E então serei imaculado
e livre do delito grave.

¹⁵ Sejam do teu agrado os discursos da minha boca
e a meditação do meu coração na vossa presença,
Senhor, minha Rocha e meu Redentor.

Salmo 119[9]
Elogio da Lei e oração para poder cumpri-la.

Exórdio: propósito de cumprir a Lei do Senhor

¹ Felizes os imaculados no caminho,
os que andam na lei do Senhor.

---

(9) Este salmo, um dos maiores do saltério, é originalmente um "poema alfabético" de requintada arte literária: cada conjunto

² Felizes os que guardam os seus preceitos
  e procuram [a Deus] de todo o coração.
³ Não praticam o mal,
  mas seguem as vias do Senhor.
⁴ Vós determinastes que os vossos mandamentos
  fossem observados com todo o cuidado.
⁵ Oxalá os meus caminhos se dirijam
  a guardar os vossos ditames.
⁶ Assim não serei confundido[10]
  quando meditar todos os vossos preceitos.
⁷ Confessar-vos-ei com a retidão do coração
  quando tiver aprendido os ditames da vossa
  justiça.
⁸ Guardarei os vossos mandamentos:
  não me abandoneis nunca!

---

de oito versículos começa com uma das vinte e duas letra do alfabeto hebraico, na sequência habitual. As estrofes apresentam, sem nenhuma unidade temática, máximas sapienciais, pedidos, frases de lamentação, elogios à Lei, louvores a Deus, propósitos de conduta; o conjunto, porém, constitui uma ampla meditação da Palavra divina, que é designada de nove maneiras distintas: *lei* ou *leis*, *preceitos* (ou *ditames* ou *ordens*), *decretos*, *mandamentos* (ou *mandatos*), *juízos* (ou *sentenças*), *palavras*, *verdade* ou *verdades*, *caminhos* (ou *estradas* ou *vias*) e *promessas*. Para facilitar a meditação pessoal, reagruparam-se os versículos de maneira temática, tendo em conta que quem desejar ler o salmo na íntegra poderá encontrá-lo com facilidade em qualquer edição da Sagrada Escritura.

(10) Não terei motivos de vergonha, ninguém será capaz de encontrar falhas na minha conduta.

161 Perseguiram-me os príncipes sem razão[11],
mas o meu coração só teme as vossas palavras.
162 Alegro-me na vossa promessa
como quem encontra um rico tesouro.
163 Odeio e desprezo a mentira,
amo a vossa lei.
164 Sete vezes ao dia canto o vosso louvor
pelos ditames da vossa justiça.
165 Grande paz têm os que amam a vossa lei:
não há tropeços para eles.
166 Esperarei a vossa salvação, Senhor,
e cumprirei os vossos mandamentos.
167 A minha alma segue os vossos preceitos,
e eu os amo profundamente.
168 Guardo os vossos mandatos e as vossas ordens,
pois todos os meus caminhos estão patentes
diante de Vós.

Elogio da Sabedoria divina

9 Como o jovem manterá limpo o seu caminho?
Guardando as vossas palavras.
10 Com todo o coração vos procuro;
não permitais que me desvie dos vossos
mandamentos.
11 Escondi as vossas palavras no meu coração
a fim de não pecar contra Vós.

---

(11) *Os príncipes* designa normalmente os poderosos ou os poderes deste mundo.

²³ Mesmo que os príncipes se sentem[12]
  para falar contra mim,
  o vosso servo praticará os vossos preceitos.
²⁴ Pois os vossos mandatos são as minhas delícias,
  e as vossas leis, os meus conselheiros.
⁸⁹ Eterna é a vossa palavra, Senhor,
  tão estável como o céu.
⁹⁰ A vossa verdade dura de geração em geração:
  assentaste a terra, e ela permanece;
⁹¹ conforme os vossos decretos, tudo subsiste até
  hoje,
  porque todas as coisas estão ao vosso serviço.

⁹⁶ Vi que há um termo para toda a perfeição,
  mas a vossa lei não tem limites.
⁹⁸ Os vossos preceitos tornaram-me mais sábio
  do que os meus inimigos,
  pois me pertencem para sempre.
⁹⁹ Cheguei a ser mais prudente
  do que todos os meus mestres,
  porque os vossos mandamentos são a minha
  meditação.
¹⁰⁰ Tenho mais discernimento do que os anciãos,
  porque sigo os vossos mandatos.
¹⁰¹ De todo o mau caminho desvio os meus pés,
  para observar os vossos ditames.
¹⁰³ Quão saborosas ao meu paladar são as vossas
  palavras,
  mais do que o mel na minha boca!

---

(12) Reúnam-se em conselho para conspirar.

¹⁰⁴ Os vossos decretos trouxeram-me compreensão,
e por isso detesto todos os caminhos da mentira.
¹⁰⁵ A vossa palavra é uma lâmpada para os meus pés,
é luz para os meus caminhos[13].

¹¹⁴ Sois a minha armadura e o meu escudo;
na vossa palavra ponho a minha esperança.
¹²⁷ Por isso amo os vossos mandamentos
mais que o ouro, que o ouro mais fino.
¹²⁸ Por isso deixo-me dirigir
            por todos os vossos mandamentos
e odeio todos os caminhos da mentira.
¹³⁰ Ao proferirdes os vossos discursos iluminais,
dais sabedoria aos simples.
¹³¹ Abri a boca e aspirei o ar,
pois ansiava pelos vossos preceitos.
¹³² Voltai-vos para mim e tende piedade,
conforme costumais fazer com os que amam
                      o vosso Nome.
¹⁵⁹ Eis que amo todas as vossas ordens:
dai-me a vida, Senhor, segundo a vossa
                      misericórdia.

---

(13) Nos vers. 98-105, o salmista afirma que o cumprimento da Lei traz a Sabedoria ("prudência", "discernimento", "compreensão"), o conhecimento íntimo e amável, saboroso, de Deus e dos seus desígnios para este mundo. Inversamente, é um fato da experiência comum que o pecado não traz consigo apenas uma deformação da vontade, mas também o obscurecimento da inteligência, tornando-a incapaz de apreender a Verdade.

160 O sumário da vossa palavra é a verdade,
eternos são os decretos de vossa justiça.

Propósito de anunciar e defender sempre a palavra de Deus

13 Com os meus lábios enunciei
todos os ditames da vossa boca.
14 Alegrei-me no caminho dos vossos preceitos
mais do que em todas as riquezas.
15 Estudarei os vossos mandamentos
e considerarei os vossos caminhos.
16 [Então] me deleitarei nos vossos juízos
e não me esquecerei das vossas palavras.
32 Correrei pelo caminho dos vossos mandatos,
porque dilatastes o meu coração.
33 Mostrai-me, Senhor, a estrada dos vossos decretos,
e eu a seguirei até o fim.
41 Venha sobre mim a vossa misericórdia, Senhor,
a vossa salvação conforme prometestes.
42 E então responderei aos que me censuram
porque tenho confiança na vossa palavra.
43 Não me tireis jamais da boca a palavra da verdade[14],
porque tenho confiança nos vossos decretos.
44 Guardarei sempre a vossa lei,
agora e pelos séculos dos séculos.
45 Andarei pelo caminho largo,
porque buscarei os vossos preceitos.

---

(14) Alusão à disposição de falar de Deus, de fazer apostolado, que todo o cristão deve ter.

⁴⁶ Falarei dos vossos mandamentos diante dos reis[15]
e não me envergonharei.
⁵¹ Os soberbos cumularam-me de sarcasmos,
mas não me afastei da vossa lei.
⁵² Lembrei-me das vossas promessas de outrora,
Senhor, e isso me consolou.
⁵³ Apodera-se de mim a indignação
pelos pecadores que abandonam a vossa lei.
⁵⁴ [Afinal,] os vossos decretos eram cânticos para mim
no lugar do meu exílio.

⁵⁷ O Senhor é a minha herança:
prometi guardar as vossas palavras.
⁵⁸ Imploro pelo vosso rosto com todo o meu coração:
tende piedade de mim conforme a vossa promessa.
⁵⁹ Examinei os meus caminhos
e dirijo os meus passos
de acordo com os vossos ditames.
⁶⁰ Apresso-me, não me demoro,
em cumprir os vossos mandamentos.
¹²⁵ Sou vosso servo, Senhor:
dai-me inteligência para compreender
os vossos preceitos.
¹²⁶ É tempo de intervirdes, Senhor,
porque violaram as vossas leis.

---

(15) "Diante dos reis", porque é a situação em que mais poderiam manifestar-se a timidez e a vergonha.

139 Sinto-me consumido de zelo
ao ver os meus inimigos esquecerem as vossas palavras.

140 Ardentes são as vossas palavras,
o vosso servo as ama!

PERMANECER FIEL NA TRIBULAÇÃO

49 Lembrai-vos da palavra dada ao vosso servo,
na qual me destes esperança.

50 Ela me consolou na minha aflição,
pois o que dizeis me vivifica.

55 De noite[16], lembro-me, Senhor, do vosso nome;
guardarei a vossa lei.

56 Isto é o que me cabe:
observar os vossos mandatos.

67 Antes de passar pela humilhação, errei;
mas agora guardo a vossa palavra.

68 Sois bom e benigno:
ensinai-me os vossos decretos.

71 Foi bom para mim ser humilhado,
a fim de aprender os vossos preceitos.

72 Melhor é para mim a lei da vossa boca
do que montões de ouro e prata.

75 Reconheço, Senhor, que os vossos desígnios são justos
e que me humilhastes com razão.

---

(16) A expressão "de noite" muitas vezes indica, nos salmos, os períodos de aflição e sofrimento.

76 Cumpra-se a vossa piedade para consolar-me
segundo a promessa que fizestes ao vosso servo.
77 Venham sobre mim as vossas misericórdias
para que eu viva,
porque as minhas delícias estão na vossa lei.
81 A minha alma desfalece ansiando pela vossa
salvação,
pois espero na vossa promessa.
82 Os meus olhos enlanguescem desejando a vossa
palavra,
dizendo: "Quando vireis consolar-me?"
83 Sou como um odre exposto ao fumeiro[17],
mas não me esqueci das vossas leis.
84 Quantos são os dias do vosso servo?[18]
Quando lhe fareis justiça contra os seus
perseguidores?
88 Dai-me vida segundo a vossa misericórdia,
e observarei as prescrições da vossa boca.
92 Se a vossa lei não fosse a minha alegria,
já teria perecido na minha aflição.
93 Jamais esquecerei os vossos preceitos,
porque é neles que me dais a vida.
94 Vosso sou: salvai-me,
pois busco os vossos mandatos.
107 Estou extremamente aflito, Senhor;
dai-me a vida segundo a vossa palavra.

---

(17) Enegrecido e enrugado pelas dificuldades e sofrimentos.

(18) Pergunta retórica; como o homem tem pouco tempo de vida, Deus deve apressar-se a socorrê-lo.

¹⁰⁸ Que vos agradem as oferendas da minha boca[19],
                                                    Senhor,
ensinai-me as vossas normas.
¹⁰⁹ A minha alma está sempre nas minhas mãos[20],
mas não me esqueço da vossa lei.
¹⁵⁰ Aproximam-se os que me perseguem sem razão,
pois estão longe da vossa lei.
¹⁵¹ Mas Vós, Senhor, estais bem perto,
e todos os vossos preceitos são verdade.

PEDIR A AJUDA DE DEUS PARA NÃO CAIR EM TENTAÇÃO E
PODER VIVER DE ACORDO COM A SUA VONTADE

¹⁷ Favorecei o vosso servo para que viva
e guarde as vossas palavras.
¹⁸ Abri os meus olhos
para que considere as maravilhas da vossa lei.
¹⁹ Sou estrangeiro na terra,
não me oculteis os vossos mandatos.
²⁰ A minha alma desfalece ansiando
em todo o tempo pelos vossos ditames.
²¹ Repreendeis os soberbos:
malditos os que se afastam dos vossos
                                    mandamentos.

---

(19) Os louvores, pedidos de perdão etc.

(20) Está em contínua aflição, como na expressão portuguesa "ter o coração na boca".

²² Poupai-me o opróbrio e o desprezo[21],
pois obedeci aos vossos preceitos.
²⁵ A minha alma está prostrada no pó,
dai-me a vida conforme a vossa promessa.
²⁶ Contei-vos os meus caminhos e me ouvistes,
ensinai-me as vossas sentenças.

²⁸ Chora de tristeza a minha alma;
reerguei-me segundo a vossa promessa.
²⁹ Afastai-me do caminho da mentira
e dai-me, benigno, a vossa lei.
³⁶ Inclinai o meu coração para as vossas ordens,
não para a avareza.
³⁷ Desviai os meus olhos
para que não se fixem na vaidade,
e vivificai-me no vosso caminho.
⁶³ Sou amigo de todos os que vos temem
e guardam os vossos mandamentos.
⁶⁴ Da vossa misericórdia, Senhor, está cheia a terra;
ensinai-me os vossos decretos.
⁶⁵ Tratastes com benevolência o vosso servo, Senhor,
segundo a vossa palavra.
⁶⁶ Ensinai-me a bondade, a prudência e a sabedoria,
pois acreditei nos vossos preceitos.

¹⁶⁹ Chegue a Vós, Senhor, o meu clamor,
dai-me inteligência segundo a vossa palavra.

---

(21) O "opróbrio e desprezo" merecidos pelos soberbos. Equivale a pedir que não nos deixe cair na soberba.

¹⁷⁰ Que a minha súplica encontre entrada
                              na vossa presença,
libertai-me segundo a vossa promessa.
¹⁷¹ Proclamem os meus lábios o vosso louvor,
pois me ensinastes os vossos ditames.
¹⁷² Cante a minha língua a vossa palavra,
porque todos os vossos preceitos são justos.
¹⁷³ Socorra-me a vossa mão,
porque escolhi os vossos mandamentos.
¹⁷⁴ Desejo a vossa salvação, Senhor,
e a vossa lei é a minha alegria.
¹⁷⁵ Viva a minha alma para vos louvar,
e ajudem-me os vossos decretos.
¹⁷⁶ Ando errante como ovelha que se extraviou:
buscai o vosso servo, pois não me esqueci
                              dos vossos mandatos.

Salmo 15
Observar os Mandamentos de Deus é condição para ter intimidade com Ele.

¹ Senhor, quem há de morar no vosso tabernáculo?
Quem repousará no vosso monte santo?[22]

---

(22) É provável que este salmo fosse cantado no começo de uma cerimônia litúrgica. Se for assim, esta pergunta inicial talvez fosse formulada por um sacerdote ou levita, e o povo responderia com os versículos seguintes.

² Aquele que vive sem mancha e pratica a justiça,
  que diz a verdade no seu coração,
³ que não promove a calúnia com a sua língua,
  não pratica o mal contra o seu próximo
  nem lança infâmias contra o seu semelhante;
⁴ [que] tem por desprezível o malvado,
  mas glorifica os que temem a Deus;
  que jura contra si mesmo sem se retratar[23],
⁵ que não empresta o seu dinheiro com usura,
  nem aceita subornos contra o inocente.

  Quem procede assim jamais será abalado.

Salmo 127 (vs. 1-2)[24]
Não é possível cumprir a Lei sem a ajuda de Deus.

¹ Se o Senhor não edifica a casa,
  em vão trabalham os que a constroem.

---

(23) É honesto sempre, mesmo contrariando os seus interesses.

(24) Já o Antigo Testamento reconhecia que é impossível ao homem cumprir a Lei em plenitude sem contar com uma especial ajuda de Deus; no Novo, fica claro que a sua justificação diante de Deus depende da graça de Jesus Cristo. Se o cristão deve lutar por cumprir a vontade de Deus na sua vida, não deve fazê-lo apenas para "medir forças consigo mesmo", numa espécie de autossuperação estoica, mas por amor a Ele, contando sempre e em tudo com a ajuda sobrenatural do Senhor.

Se o Senhor não guarda a cidade,
debalde vigiam as sentinelas.
² De nada vos adianta levantar antes da aurora
e deitar-vos tarde,
[vós] que comeis o pão das fadigas,
pois Ele o dá aos seus amados até durante o
sono.

Salmo 128
A felicidade de quem observa a Lei.

¹ Feliz todo aquele que teme o Senhor,
que anda pelos seus caminhos.

² Comerás do trabalho das tuas mãos,
serás feliz e tudo te correrá bem.
³ A tua mulher será como vinha fecunda ao teu lado,
os teus filhos como brotos de oliveira
ao redor da tua mesa.

⁴ Assim será abençoado
aquele que teme o Senhor.
⁵ De Sião te abençoará o Senhor
e verás a prosperidade de Jerusalém
todos os dias da tua vida,
⁶ e poderás ver os filhos dos teus filhos.
Paz para Israel!

Salmo 112 (vs. 1-9)
Observar a Lei traz a felicidade, a glória e a eternidade.

1. Aleluia.
   Feliz o homem que teme o Senhor,
   e se alegra muito em observar os seus mandamentos.
2. Será poderosa a sua descendência na terra,
   e abençoada a geração dos homens retos.
3. Na sua casa haverá glória e riqueza,
   e a sua justiça permanecerá pelos séculos dos séculos.
4. Nas trevas ergueu-se a luz dos homens retos:
   o benfazejo, misericordioso e justo[25].
5. Alegre é o homem que se compadece e dá emprestado,
   que administra os seus assuntos com justiça,
6. pois não será abalado eternamente.

   O justo será lembrado para sempre,
7. não temerá as más notícias.
   O seu coração está preparado, confiante no Senhor,
8. o seu coração está seguro, não temerá
   até que triunfe sobre os seus adversários.

---

(25) Possível alusão ao Messias, isto é, a Cristo.

⁹ Distribuiu, deu aos pobres;
a sua liberalidade permanecerá para sempre,
a sua fronte erguer-se-á em glória.

PECADO, CONTRIÇÃO E HUMILDADE

O primeiro salmo deste conjunto (139) situa-nos em cheio no tema da presença de Deus. A melhor forma de começarmos a descobrir essa consoladora realidade talvez seja tomarmos consciência, com o salmista, de que é o Senhor quem nos tem presentes a todo instante e por inteiro, até os mais ocultos recantos do nosso coração (vs. 1-6).

O olhar divino, onipresente e inescapável, mas carinhoso e compreensivo, pode ser experimentado como acusador e invasivo por quem se opõe à sua Vontade, da mesma forma que a criança que cometeu algo errado se sente incomodada pelo olhar dos pais (vs. 7-12). Para o cristão, no entanto, é esse mesmo olhar que confere plena lucidez ao seu exame de consciência, pois faz ressaltar com toda a clareza a gravidade das suas faltas e pecados, permitindo-lhe detestá-los como merecem (vs. 19-24).

Ao mesmo tempo, porém, a presença de Deus é o melhor antídoto contra o pecado, pois atua na sua fonte, a própria intimidade da nossa alma: "Se tudo está presente diante dEle e Ele contempla tudo, temamos ofendê-lo e afastemo-nos de todo o desejo impuro de más ações, a fim de que a sua misericórdia nos defenda no dia do Juízo. Porque, quem de nós poderia fugir da sua mão poderosa? Que mundo poderia acolher um desertor de Deus?"[1]

O Salmo 36 contrasta a arrogância do pecador com a infinita misericórdia de Deus. Com fina penetração psicológica, mostra como o homem afastado de Deus cai no mecanismo da autojustificação — adula-se a si mesmo aos seus próprios olhos, a fim de não descobrir a sua culpa nem odiá-la, *convertendo todos os seus pensamentos em* malícia *[egoísmo] e* fraude *(vs. 3-4). No entanto, a misericórdia de Deus permanece firme, sempre disposta a acolher* os filhos dos homens *que estejam bem dispostos* à sombra das suas asas *(v. 8). Mas o salmista também recorda que quem se obstina no mal não encontrará um bom fim (vs. 11-13).*

O Salmo 14, além de apresentar a extensão universal do pecado, mostra que este sempre tem a sua origem, ao menos em parte, numa certa ignorância ou cegueira interior; ao pecar, o homem talvez não chegue a negar teoricamente a existência de Deus (v. 2), mas nega-a na prática: ignora a Providência e o Amor divinos, ou ao menos desconfia deles. Ao mesmo tempo, toda a falta produz uma nova cegueira, pois embota a razão submetendo-a às paixões desordenadas da natureza humana.

---

(1) São Clemente Romano, *Ad Corinthios*, 27, 1-29, 5.

Com a bela e solene imagem de um processo judicial, o Salmo 50 mostra Deus que acusa a humanidade: por um lado, rejeita a atitude supersticiosa, servil e mercantilista de quem pretende "comprar" os seus favores por meio de umas práticas de devoção meramente externas, mesmo que estejam prescritas pela Lei de Moisés; por outro, repele o pecado aberto e declarado.

Para entender esta imagem, um tanto severa, convém não esquecer que, embora seja o homem quem sofre as consequências dos seus erros, o principal ofendido em todo o pecado é Deus; até certo ponto, pode-se dizer que é como um pai que tem de presenciar — com as mãos amarradas por respeito à liberdade da sua criatura — como o filho, por alguma birra egoísta e tola, encharca as próprias roupas de gasolina e põe fogo em si mesmo. É a criança que se queima, mas o pai é quem sofre mais.

O salmo ajuda-nos, pois, a não perder de vista que Deus tem a autoridade e o direito absoluto e irrenunciável de exigir o amor e a obediência das suas criaturas, para o bem delas mesmas: este é o sentido da acusação que o Senhor formula aqui e também no Salmo 52, em que a ironia se torna mais contundente. E lembra-nos também que, no final da nossa vida e no fim da História, há um juízo em que "cada qual receberá de acordo com as suas obras".

Os salmos seguintes retratam a perturbação interior do homem afastado de Deus. O pecado produz uma tristeza e um vazio íntimos (Sl 6), porque é uma mentira vital: tenta ignorar que estamos feitos para "conhecer, amar e servir a Deus", e com isso frustra a vida humana no seu sentido e no seu fim. À medida que os anos avançam, produz também uma crescente angústia perante a pequenez e a limitada duração desta vida (Sl 39). Diante disso, o homem pode fechar-se e obstinar-se no seu egoísmo (vs. 2-4) ou ainda lançar-se na voragem da fuga de si mesmo (por meio dos excessos da gula, do sexo, do trabalho workahólico, *das drogas...), mas tudo isso não produz senão um recrudescimento do seu íntimo vazio.*

Essas mesmas consequências do pecado, porém, podem ter um efeito positivo e purificador, se induzirem a pessoa a recorrer a Deus, a abrir-se a Ele e a reconhecer a própria "iniquidade" (cf. Sl 38, 5-6.18-19). "Eu reconheço a minha culpa, diz o salmista. Não tenhamos de modo algum a presunção de que vivemos retamente e sem pecado"[2]*, diz-nos Santo Agostinho; e São Josemaria Escrivá acrescenta: "Não nos há de impressionar sermos quebradiços, não nos há de chocar verificarmos que a nossa conduta se quebranta por menos que nada"*[3]*. Este é o pano de fundo desses três salmos (6, 39 e 38) que nos ensinam a voltar-nos para Deus nas angústias interiores, a fim de buscarmos a causa radical desses desassossegos e as forças para retificar a nossa conduta.*

---

(2) Santo Agostinho, *Sermões*, 19, 2.

(3) São Josemaria Escrivá, *Amigos de Deus*, 2a. ed., Quadrante, São Paulo, 2000, n. 95.

O reconhecimento dos nossos erros e a consequente conversão, porém, apesar de suficientes para reorientar-nos para o Senhor, ainda não são a verdadeira contrição — o arrependimento por amor a Deus —, mas apenas atrição — um arrependimento motivado ainda por um certo egoísmo interesseiro —. No entanto, abrem o caminho para voltarmos a amar, como Cristo mostra na parábola do filho pródigo (Lc 15, 14-18); e permite assim retificarmos as nossas disposições até chegarmos à rejeição do pecado pelo motivo certo: porque ofende a Deus. É a atitude que se manifesta no Salmo 51, o salmo penitencial por excelência: Contra Vós, só contra Vós pequei *(v. 6), exclama o salmista de forma dolorida, mas confiada.*

A contrição é sempre, ao mesmo tempo que dor de amor, uma jubilosa libertação da mentira do pecado: "Contrição e conversão são uma aproximação à santidade de Deus, um novo encontro com a própria verdade interior, perturbada e transtornada pelo pecado"[4]. *E conduz à entrega confiada à misericórdia divina:* O sacrifício [grato a] Deus é um espírito compungido: não desprezareis, ó Deus, um coração contrito e humilhado *(Sl 51, 19).*

Pela contrição atingimos a verdade sobre nós mesmos, o reconhecimento da nossa real condição: a de que somos pecadores, e pela culpa original pecadores desde o começo da nossa existência (Sl 51, 7), mas apesar de tudo pecadores amados por Deus.

---

(4) São João Paulo II, Exort.apost. *Reconciliatio et poenitentia*, 31.

Esta verdade é humildade, virtude que conjuga um olhar impiedosamente honesto sobre a nossa miséria com o mais alegre reconhecimento da nossa condição de filhos de Deus. É a atitude retratada pelo Salmo 130, classicamente conhecido como **De profundis** *("Das profundezas"), em que a angústia diante das próprias iniquidades expressa nos Salmos 6 e 39 se remansou num sereno abandono na misericórdia divina.*

Por fim, o Salmo 32 resume todos estes temas num diálogo entre o homem e Deus, pondo especial acento na necessidade de confessar os pecados para atingir o perdão de Deus e a tranquilidade interior, que por sua vez é magistralmente retratada na imagem apresentada pelo Salmo 131.

Salmo 139 (vs. 1-18.23-24)
Deus conhece o que há de mais íntimo no homem.

1. Senhor, Vós me perscrutais e conheceis,
2. sabeis quando me sento e me levanto.
   De longe compreendeis os meus pensamentos,
3. observais o meu andar e o meu repousar[5].
   Descobris todos os meus caminhos,

---

(5) Os pares opostos "sentar / levantar" e "andar / repouso" indicam a *totalidade* do conhecimento que Deus tem da ação humana.

4 pois a palavra ainda não chegou à minha língua[6]
  e Vós já a conheceis toda, Senhor.
5 Cingistes-me pelas costas e pela frente
  e pusestes a vossa mão sobre mim.
6 Por demais maravilhoso é o conhecimento que
                                        de mim tendes,
  elevado demais para que o consiga compreender.
7 Para onde iria a fim de afastar-me do vosso espírito,
  para onde fugiria do vosso rosto?
8 Se subisse até aos céus, ali estaríeis;
  se descesse aos infernos[7], ali vos encontraríeis.
9 Se tomasse as asas da aurora
  e habitasse nos confins do mar,
10 mesmo ali seria guiado pela vossa mão
  e sustentado pela vossa destra.
11 Se dissesse: "É possível que as trevas me ocultem
  e a luz se faça noite ao meu redor",
12 as mesmas trevas não seriam escuras para Vós
  e a noite se faria luminosa como o dia:
  tal como é a sua escuridão, assim seria também
                                              a sua luz.

13 Porque Vós formastes as minhas entranhas
  e me moldastes no ventre da minha mãe.

---

(6) Ou seja, enquanto ainda é um pensamento inexpresso.

(7) Não se trata do inferno dos condenados, mas do *sheol*, da "morada dos mortos", que os israelitas imaginavam situado nas profundezas da terra.

¹⁴ Graças vos dou porque fui plasmado
                              maravilhosamente;
   admiráveis são as vossas obras,
   como bem o sabe a minha alma.
¹⁵ Os meus ossos não vos eram ocultos
   quando eu ia sendo feito em segredo,
   moldado nas entranhas da terra[8].
¹⁶ Quando ainda estava informe, os vossos olhos me
                              viram
   e todos os meus dias já estavam escritos no
                              vosso livro;
   já estavam previstos quando ainda nenhum
                              deles tinha acontecido.
¹⁷ Como são preciosos para mim os vossos
                              pensamentos, ó meu Deus,
   como é grande o seu número!
¹⁸ Se pudesse contá-los, superariam os grãos de areia;
   e mesmo que chegasse ao fim, ainda estaria
                              convosco[9].

²³ Examinai e conhecei o meu coração, Senhor,
   ponde-me à prova e sabei quais são
                              os meus pensamentos.
²⁴ Olhai se está em mim o caminho da vaidade
   e conduzi-me pelo caminho da eternidade.

---

(8) Equivalente a "em segredo", "no ventre da mãe"; alusão a que o homem foi formado do pó da terra e ao pó tornará (cf. Gn 3, 19).

(9) Ou seja, os desígnios de Deus ultrapassam de longe tudo o que a inteligência humana é capaz de abarcar.

Salmo 36 (vs. 2-12)
Contraste entre o pecado do homem e a santidade de Deus.

2   Um oráculo de pecado[10] fala ao ímpio
    na intimidade do seu coração.
    Não há temor de Deus diante dos seus olhos.
3   Pois ele se adula a si mesmo aos seus próprios
                                                olhos,
    a fim de não descobrir a sua culpa nem odiá-la.
4   As palavras da sua boca são malícia e fraude,
    renunciou a compreender a fim de fazer o bem.
5   No seu leito medita a iniquidade,
    permanece em todos os maus caminhos,
    não rejeita o mal.

6   Senhor, a vossa misericórdia chega até aos céus[11],
    a vossa verdade eleva-se até às nuvens;
7   a vossa justiça é como as montanhas de Deus,
    os vossos juízos como o profundo abismo[12].
    Vós salvais, Senhor, os homens e as bestas[13].

---

(10) Referência às tentações que procedem do próprio íntimo.

(11) A plena malícia do pecado só se compreende em contraste com a misericórdia divina, descrita nesta segunda parte do salmo.

(12) O mar.

(13) "Bestas" designa em geral bestas de carga, burros ou jumentos. Trata-se aqui de uma hipérbole para indicar a extensão da misericórdia divina; como é evidente, não deve ser tomada ao pé da letra.

8 Como é preciosa a vossa misericórdia, ó Deus!
   Os filhos dos homens refugiam-se
                                    à sombra das vossas asas;
9 inebriam-se com a abundância da vossa casa,
   e bebem da torrente das vossas delícias.
10 Porque em Vós está a fonte da vida,
   e é na vossa luz que veremos a luz[14].

11 Estendei a vossa misericórdia aos que vos
                                              conhecem
   e a vossa justiça aos retos de coração.
12 Não me calque o pé da soberba,
   não me mova a mão do pecado.

Salmo 14 (vs. 2-6)
Tolice de quem nega a Deus. A extensão universal do pecado.

2 Diz o tolo em seu coração: "Deus não existe".
   Corromperam-se e cometeram atrocidades:
   não há quem faça o bem.
3 Deus, do céu, observa os filhos de Adão
   para ver se há alguém sensato e que busque a
                                                Deus.

---

(14) Possível alusão a Cristo, que é *a luz que ilumina todo o homem* (Jo 1, 9): "Na tua Palavra e na tua Sabedoria, que é o teu Filho, nEle te veremos a ti, ó Pai" (Orígenes, *De principiis*, 1, 1, 1).

⁴ Todos se extraviaram e se corromperam à uma;
não há quem faça o bem, não há um só.

⁵ Será que não entendem, todos esses
                que cometem iniquidades,
que devoram o meu povo como quem come pão?
Não invocam a Deus!
⁶ Mas agora tremerão de terror,
porque Deus está com a estirpe do justo.
Vós defraudastes as esperanças do pobre,
mas Deus é o seu refúgio.

Salmo 50
Deus acusa o pecador.

¹ O Senhor, Deus dos deuses[15], falou
e convocou a terra inteira, da saída do sol ao seu
                                                        ocaso.
² De Sião, refulgente no seu esplendor, Deus brilhou;
³ o nosso Deus vem e não se calará.
Há um fogo abrasador diante dEle
e ao seu redor uma poderosa tempestade.
⁴ Do alto convoca os céus
e a terra para julgarem o seu povo:

---

(15) Como é evidente, a expressão *Deus dos deuses* não significa que haja outros deuses; trata-se de um hebraísmo que indica a soberania absoluta de Deus sobre o Universo. Noutras passagens, ocasionalmente, a palavra "deuses" alude aos anjos e, por ironia, aos homens poderosos.

5 "Reuni diante de mim os meus santos,
que selaram uma aliança comigo pelo sacrifício"[16].

6 Que os céus anunciem a sua justiça,
porque o próprio Deus é o juiz.

7 "Ouve, ó meu povo, pois vou falar:
Israel, testemunharei contra ti:
Eu, Deus, sou o teu Deus!

8 Não te repreendo pelos teus sacrifícios,
pois os teus holocaustos estão sempre diante de mim.

9 [Mas] não preciso dos bezerros da tua casa,
nem dos cabritos dos teus apriscos.

10 Pois minhas são todas as feras das matas,
os milhares de animais dos meus montes.

11 Conheço todas as aves do céu
e meu é tudo o que se move nos campos.

12 Se tivesse fome, não to diria,
porque meu é o orbe da terra e tudo o que contém.

---

(16) No Antigo Testamento, a Aliança de Deus com o povo através de Moisés foi selada por meio do sacrifício de touros e a aspersão do povo com o sangue destes (cf. Ex 24, 1-8). A Nova Aliança entre Deus e os homens, por sua vez, foi estabelecida por meio do sacrifício redentor de Cristo, e todo o cristão passa a participar dela em virtude do Batismo. Essa Aliança estabelece como primeiro e principal mandamento a obrigação de *amar a Deus sobre todas as coisas e ao próximo como a si mesmo* (cf. Lc 10, 27) e, em consequência, de evitar e detestar todo o pecado.

¹³ Por acaso preciso comer carne de touros
　　ou beber sangue de cabritos?
¹⁴ Oferece [antes] a Deus um sacrifício de louvor
　　e cumpre os teus votos para com o Altíssimo;
¹⁵ invoca-me nos dias da tribulação:
　　Eu te livrarei e tu me honrarás".

¹⁶ Ao pecador, porém, Deus diz:
　　"Por que repetes os meus mandamentos
　　e tens na boca as palavras da minha aliança,
¹⁷ tu que odeias os meus ensinamentos
　　e lanças fora as minhas palavras?
¹⁸ Se vês um ladrão, corres para ele
　　e associas-te com os adúlteros.
¹⁹ Empregas a tua boca para o mal
　　e a tua língua trama mentiras.
²⁰ Assentas-te para falar do teu irmão
　　e proferes calúnias contra o filho da tua mãe.
²¹ Tudo isso, fizeste-o, e Eu me calei,
　　[e por isso] pensas que sou igual a ti.
　　[Não,] Eu te acusarei e te lançarei em rosto
　　　　　　　　　　　　os teus pecados.
²² Compreendei-o, vós que vos esqueceis de Deus,
　　não suceda que Eu vos arrebate
　　e não haja quem vos liberte.
²³ Honra-me quem me oferece um sacrifício de
　　　　　　　　　　　　louvor,
　　e ao que é imaculado no caminho
　　　　　　　mostrarei a salvação de Deus".

Salmo 52

Contraste entre o homem que não põe em Deus a sua esperança, e aquele que a põe.

3. Por que te glorias na malícia,
   tu que és poderoso na iniquidade?[17]
4. Todo o dia maquinas a perdição
   e a tua língua é uma navalha afiada,
   ó artífice da traição.
5. Preferes o mal ao bem,
   a mentira à lealdade.
6. Amas todas as palavras de perdição,
   ó língua traidora!

7. Por isso Deus te destruirá para sempre,
   arrancar-te-á e te afastará do tabernáculo,
   extirpará a tua raiz da terra dos viventes.
8. Os justos vê-lo-ão e tremerão,
   e rir-se-ão desse homem, dizendo:
9. "Eis o homem que não pôs em Deus a sua

   esperança,
   mas esperou na multidão das suas riquezas
   e se jactou da sua perversão".

10. Quanto a mim, porém, sou como a oliveira
    verdejante na casa de Deus.
    Esperarei na misericórdia de Deus
    para sempre e pelos séculos dos séculos.

---

(17) Ironia.

¹¹ Dar-vos-ei graças eternamente pelo que fizestes,
e confessarei o vosso nome diante dos vossos
santos, porque sois bom.

Salmo 6 (vs. 2-10)
Perturbação interior do pecador.

² Senhor, não me acuseis na vossa cólera,
não me castigueis na vossa ira.

³ Tende piedade de mim, Senhor, porque estou sem
forças;
curai-me, Senhor, porque os meus ossos estão
abalados

⁴ e a minha alma está muito perturbada;
mas Vós, Senhor, até quando?...

⁵ Voltai-vos, Senhor, livrai a minha alma;
por amor da vossa misericórdia, salvai-me.

⁶ Porque não há quem se lembre de Vós no seio da
morte:
quem vos glorificará na habitação dos mortos[18]?

---

(18) No judaísmo anterior ao exílio, a doutrina sobre a eternidade da alma ainda não estava clara; pensava-se que no *sheol* ou "habitação dos mortos", estes permaneceriam como sombras sem inteligência e sem vontade. O argumento do salmista poderia, pois, descrever-se assim: "Se depois da morte não poderei louvar-vos, apressai-vos a socorrer-me antes de que eu morra".

7 Esgoto-me de tanto gemer,
   todas as noites banho de pranto o meu leito
   e inundo de lágrimas a minha cama.
8 Os meus olhos estão turvos de tristeza,
   envelheço no meio de todos os meus inimigos[19].

9 Afastai-vos de mim, vós todos que praticais o mal,
   porque o Senhor escutou o clamor do meu
                                              pranto.
10 O Senhor deu ouvidos aos meus clamores,
   o Senhor acolheu a minha oração.

Salmo 38 (vs. 2-16.18-19.22-23)
Desamparo do homem na sua condição de pecador; confiar apenas em Deus.

2 Senhor, não me repreendais na vossa cólera,
   não me castigueis no vosso furor,
3 pois as vossas flechas cravaram-se em mim
   e sobre mim caiu a vossa mão.
4 Não há saúde na minha carne diante da vossa ira,
   não há paz para os meus ossos diante dos meus
                                                pecados.
5 Porque as minhas culpas se elevaram
                       acima da minha cabeça,
   como um fardo pesado oprimem-me em
                                         demasia.

---

(19) As próprias paixões, que acabam por escravizar quem cede a elas.

6 As minhas chagas apodreceram e corromperam-se
diante da minha loucura.
7 Estou abatido e muito curvado,
ando o dia inteiro repleto de tristeza.
8 Os meus rins inflamaram-se de ardores,
e não há parte sã na minha carne.
9 Estou aflito e humilhado até ao extremo,
a dor do meu coração é como um rugido.

10 Senhor, diante de Vós estão todos os meus desejos,
e o meu gemido não vos é oculto.

11 Palpita-me o coração, abandonam-me as forças,
e a luz dos meus olhos, até essa me falta!
12 Os meus amigos e os que me são próximos
mantêm-se à distância das minhas chagas,
e os meus parentes permanecem longe.
13 Os que odeiam a minha vida estendem-me laços,
os que procuram o meu mal propalam perfídias,
meditam traições o dia inteiro[20].
14 Eu, porém, sou como um surdo, não ouço,
como um mudo que não abre os lábios;
15 tornei-me um homem que não ouve
e não tem réplicas na boca.

---

(20) Aos tormentos íntimos acrescentam-se os exteriores, pois só um cristão que busca efetivamente a santidade pode dizer com verdade que não tem inimigos, ao menos no que está da sua parte.

16 Porque é em Vós, Senhor, que espero[21];
Vós me ouvireis, Senhor, meu Deus.
18 Pois estou prestes a cair,
e a minha dor está sempre diante de mim.
19 Pois eu confesso a minha iniquidade
e angustio-me pelo meu pecado.
22 Não me abandoneis, Senhor;
ó meu Deus, não vos afasteis de mim.
23 Apressai-vos a socorrer-me,
Senhor, minha salvação!

Salmo 39
A fragilidade da condição humana e a brevidade da vida levam a buscar o perdão e a ajuda de Deus.

2 Disse a mim mesmo: "Vigiarei os meus caminhos
para não pecar com a língua.
Porei uma mordaça à minha boca
enquanto o ímpio estiver diante de mim".
3 Calei-me, guardei silêncio sem proveito algum,
porque a minha dor recrudesceu.
4 Abrasou-se o meu coração dentro de mim,
e na minha oração acendeu-se o fogo.

---

(21) No momento em que todos se afastam dele, Deus é o único que não o abandona.

Então desatei a minha língua:
5 "Dai-me a conhecer, Senhor, o meu fim
e qual o número dos meus dias,
para que saiba como é breve a minha vida.
6 Eis que deste uns poucos palmos aos meus dias
e o espaço da minha vida é como nada diante de
Vós.
Com efeito, todo o homem não é mais que um
sopro;
7 realmente o homem passa como uma sombra.
É em vão que se agita;
amontoa, sem saber quem recolherá.

8 E agora, Senhor, que posso esperar?
A minha confiança está em Vós.
9 Livrai-me de todos os meus pecados,
não me exponhais à zombaria do tolo.
10 Calo-me e já não abrirei a boca
porque sois Vós que fazeis tudo.

11 Afastai de mim os vossos castigos
pois sucumbo sob os golpes da vossa mão.
12 Castigais o homem com acusações pela sua culpa
e consumis como a traça tudo aquilo que ele
deseja.
Com efeito, todo o homem não é mais que um
sopro.

13 Ouvi, Senhor, a minha oração,
e prestai ouvidos ao meu clamor.
Não sejais surdo às minhas lágrimas,

pois não sou mais que um forasteiro diante de Vós,
um peregrino como todos os meus ancestrais.
14 Afastai de mim a vossa ira para que eu tome alento,
antes que me vá para não mais voltar.

Salmo 51
A verdadeira contrição e a renovação interior.

3 Tende piedade de mim, meu Deus,
segundo a vossa misericórdia,
e apagai a minha iniquidade
segundo a multidão das vossas misericórdias.
4 Lavai-me por inteiro da minha iniquidade
e limpai-me do meu pecado.

5 Pois eu reconheço a minha iniquidade
e o meu pecado está sempre diante de mim.
6 Contra Vós, só contra Vós pequei, e pratiquei o mal diante de Vós[22],
e assim se manifesta que sois justo nas vossas sentenças e reto nos vossos juízos[23].

---

(22) Ao passo que no salmo anterior o pecador manifesta antes a dor da vergonha por causa dos seus pecados, neste chega à autêntica contrição: a dor de amor por ter ofendido a Deus.

(23) Como o homem efetivamente pecou, Deus não faz senão o que é justo quando lhe impõe um castigo.

7 Eis que fui gerado na iniquidade
  e a minha mãe me concebeu em pecado[24].
8 Mas Vós amais a verdade do coração
  e manifestais-me às ocultas a sabedoria[25].
9 Aspergir-me-eis com o hissope e serei limpo,
  lavar-me-eis e me tornarei mais branco que a neve.
10 Dar-me-eis a sentir o gozo e a alegria
   e exultarão os ossos que triturastes.

11 Desviai o vosso rosto dos meus pecados
   e apagai todas as minhas culpas!
12 Criai em mim um coração puro, ó Deus,
   e renovai no meu íntimo o espírito de firmeza.
13 Não me lanceis para longe do vosso rosto
   e não me priveis do vosso santo Espírito.
14 Restituí-me a alegria da vossa salvação
   e confirmai-me numa disposição generosa.
15 E então ensinarei os vossos caminhos aos maus
   e os ímpios se converterão a Vós.

---

(24) Alusão ao pecado original; o salmista não pretende dizer que o ato gerador humano, dentro do casamento, seja pecaminoso.

(25) Aqui, a *sabedoria* consiste na certeza de que Deus lhe apagará os pecados e devolverá a alegria, se o salmista se voltar para Ele.

16 Livrai-me do sangue, Deus, Deus da minha
                                                           salvação,
    e a minha língua proclamará a vossa justiça.
17 Senhor, abri os meus lábios,
    para que a minha boca anuncie o vosso louvor.
18 Pois Vós não vos deleitais no sacrifício,
    e mesmo que eu vos oferecesse um holocausto,
                                                          não o aceitaríeis.
19 Porque o sacrifício [grato a] Deus
                                                  é um espírito compungido:
    não desprezareis, ó Deus, um coração
                                                          contrito e humilhado.
20 Na vossa bondade para com Sião, Senhor,
                                                  permiti benignamente
    que se reconstruam os muros de Jerusalém.
21 E então aceitareis os sacrifícios legítimos,
                                      as oferendas e os holocaustos;
    e então se oferecerão novilhos sobre o vosso
                                                               altar[26].

---

(26) Historicamente, o salmo alude à situação de Jerusalém depois de arrasada pelos babilônios: os israelitas estavam proibidos de reconstruir as muralhas — essenciais à defesa de uma cidade, na época — e o Templo tinha sido profanado, ou seja, não se podiam oferecer nele os sacrifícios prescritos pela Lei de Moisés. Literalmente, pois, o salmista pede a reconstrução da nação e a restauração do culto; o cristão pode aplicar essa imagem à sua alma, exposta aos ataques das tentações e afastada de Deus se estiver em estado de pecado mortal, e a sua reconstrução por meio da contrição e da confissão.

Salmo 130
Confiança no perdão de Deus.

1. Das profundezas do abismo clamo a Vós, Senhor;
2. Senhor, ouvi o meu clamor.
   Que os vossos ouvidos estejam atentos
   à voz da minha súplica.

3. Se tiverdes em conta as nossas culpas, Senhor,
   Senhor, quem permanecerá de pé?
4. Mas em Vós se encontra o perdão dos pecados,
   para que vos temamos[27].
5. Espero em Vós, Senhor.
   A minha alma confia na vossa palavra;
6. a minha alma anseia pelo Senhor,
   mais que as sentinelas pela aurora.

7. Mais que as sentinelas pela aurora,
   anseie Israel pelo Senhor,
   pois no Senhor se encontra a misericórdia,
   nEle há copiosa redenção.
8. Ele mesmo há de redimir Israel
   de todas as suas iniquidades.

Salmo 32
A confissão traz a alegria da salvação.

1. Feliz aquele cuja iniquidade foi perdoada,
   cujo pecado foi enterrado.

---

(27) Temer, aqui, claramente não tem o significado de "ter medo", mas sim o de "experimentar reverência".

² Feliz o homem a quem o Senhor não argúi de falta
e em cujo coração não há malícia.

³ Enquanto calei consumiram-se os meus ossos
ao mesmo tempo que gemia o dia inteiro.
⁴ Pois a vossa mão pesava sobre mim dia e noite
e as minhas forças se esgotavam nos ardores do
verão.

⁵ Então eu vos confessei o meu pecado
e não mais ocultei a minha culpa.
Disse: "Confessarei ao Senhor a minha culpa,
mesmo contra mim".
E Vós perdoastes a impiedade do meu pecado[28].
⁶ Por isso todo o fiel orará a Vós
no momento da necessidade,
e quando transbordarem as muitas águas,
não chegarão até ele.
⁷ Vós sois o meu refúgio, preservais-me da
tribulação
e envolveis-me na alegria da salvação.

---

(28) Todos experimentamos uma autêntica necessidade, profundamente arraigada na natureza humana, de confessar os pecados; o Sacramento da Penitência ou Reconciliação, instituído por Cristo, vai ao encontro dessa necessidade, oferecendo-nos um meio para desafogar a nossa consciência e permitindo-nos ouvir em resposta a voz do próprio Deus, que diz: "Eu te absolvo dos teus pecados [...]. Vai em paz".

8 "Eu te darei inteligência e te instruirei no
                         caminho que deves percorrer[29];
   firmarei sobre ti os meus olhos.
9 Não queiras ser como o cavalo e o mulo,
   que não têm inteligência;
   se vens para submetê-los ao freio e à rédea[30],
   não se aproximam de ti".

10 Muitas são as dores do ímpio,
   mas quem espera no Senhor é envolvido
                         pela sua misericórdia.
11 Alegrai-vos e exultai no Senhor, ó justos,
   e gloriai-vos, todos vós, os retos de coração.

Salmo 131
Esperança para as almas simples e confiantes.

1 Senhor, não se encheu de orgulho o meu coração,
   nem se ergueu com arrogância o meu olhar,
   nem andei à procura de grandezas
   nem de prodígios que me ultrapassam.

2 Na verdade, tranquila e quieta
   tornei a minha alma;

---

(29) Agora é Deus quem responde ao salmista.

(30) Referência à vontade de Deus, manifestada na Lei Natural.

como a criança de peito no seio da sua mãe,
como a criança, assim está a minha alma em mim.

³ Espere Israel no Senhor,
desde agora e para sempre.

ANGÚSTIAS E TRIBULAÇÕES

Depois do pecado original, o homem está sujeito ao sofrimento e à dor, por mais que tente suavizar ou esquecer essa condição. É o que nos recordam estes salmos, apontando ao mesmo tempo o caminho para tirar fruto do sofrimento inevitável.

Um tema tratado por diversos salmos (cf. aqui os Sl 10, 12, 73 primeira parte) é o do triunfo do pecado *neste mundo, com os seus corolários de injustiça contra os homens e desprezo pela santidade e bondade de Deus. De acordo com a mentalidade concreta própria da época em que foram escritos, essa realidade é descrita sob a imagem da "prosperidade dos ímpios"; e contra estes, os salmistas, na sua simplicidade, expondo os seus sentimentos mais primários, por vezes se deixam arrastar para invectivas hiperbólicas, segundo o estilo da sua época.*

O pecado, fonte dessa aparente prosperidade, é descrito com aguda fineza psicológica: deriva do orgulho; não hesita em lançar mão da violência e da mentira para defender-se e afirmar-se; pretende justificar-se por meio de uma visão agnóstica e materialista da vida, e acaba no desprezo de Deus. Não é preciso dizer que essa análise não perdeu atualidade, quer no que diz respeito à vida dos indivíduos, quer das sociedades.

O Salmo 73 expõe com simplicidade e pungência a dura tentação que o homem que procura viver retamente experimenta diante desse panorama desalentador: de que adianta cumprir os mandamentos e as virtudes, se não encontram recompensa neste mundo? Mas também responde a essa dúvida: considerado à luz da fé, o final a que o pecado conduz — a condenação eterna — é terrível. Além disso, como ensina um velho adágio teológico, "o caminho do inferno já é o inferno": procurando a sua felicidade e realização, o pecador apenas constrói o seu fracasso e a sua frustração já neste mundo. Diante dessa realidade, o cristão deve assumir a atitude descrita pelo salmista: procurará fazer-se como um burrico tosco e incapaz de entender, mas humilde e dócil diante de Deus, sempre agarrado à sua mão direita, deixando-se guiar de acordo com o desígnio do Senhor e com a certeza de ser acolhido na sua glória (cf. Sl 73, 22-24).

Os Salmos 55 e 69 abordam um aspecto do sofrimento que todo o cristão autêntico conhece bem: *a perseguição que sofre por causa da fé*. Todo aquele que quiser viver piedosamente em Jesus Cristo sofrerá perseguições, *diz São Paulo (2 Tm 3, 12)*, como o próprio Senhor já havia prometido. Ainda hoje há perseguições sangrentas em países da África e do Oriente; e se no Ocidente, via de regra, são mais veladas, nem por isso são menos reais. Costumam *dar-se através das oposições no ambiente de trabalho e na família, e das mentiras e calúnias que se difundem nos meios de opinião pública. No entanto, longe de amargar-se ou ressentir-se, o cristão terá presente que esse sofrimento, ainda mais que todos os outros, é um meio soberano para identificar-se com Cristo e assim atrair à fé os que o cercam.*

Outro grupo de salmos, do qual reproduzimos aqui o 142, o 77 e o 90, trata da solidão e da angústia, do desânimo e da brevidade da vida: desse "entrecruzar-se de muitas dores" que é um dos aspectos da condição humana. E o Salmo 13 alude a essa sensação de "abandono de Deus" — de se ter sido abandonado por Deus — que acompanha e dá amargura e pungência a todos os outros sofrimentos.

Com efeito, na dor temos a tendência a perguntar-nos: "Por que eu? Por que tinha de acontecer comigo? Que foi que eu fiz?" Assim sofremos em dobro: uma vez pela realidade objetiva do sofrimento, e outra pela rejeição indignada desse sofrimento, que pensamos não merecer. A solução novamente é dada pelos próprios salmos: pelo tom de absoluta confiança em Deus que os permeia — uma confiança e um abandono tão íntimos, que chegam a exigir ajuda aos gritos, quando o salmista não suporta mais —; pela necessidade de reconhecer que sim, que merecemos esses sofrimentos, pois somos pecadores necessitados de purificação e amadurecimento; e pelo conselho com que termina o Salmo 31: Agi varonilmente e fortalecei o vosso coração, todos vós que esperais no Senhor.

Em resumo, pelo empenho em fazer oração no meio da dor, em voltar-se para Deus, ao invés de fechar-se sobre si mesmo.

Ainda sobre o Salmo 13: muitas vezes, Deus faz-se esperar, e nessa situação pode acontecer-nos imaginar "que o Senhor não nos escuta, que andamos enganados, que só se ouve o monólogo da nossa voz. Sentimo-nos como que sem apoio sobre a terra e abandonados do céu"[1]. A resposta nunca está na revolta nem na desistência, mas numa perseverança que revela o autêntico alcance do nosso amor. Nas palavras de São João da Cruz: "Compreendam todas as almas que, se Deus não lhes alcança imediatamente o que pedem e necessitam, não falhará no seu devido tempo, se elas são constantes, se não desfalecem nem se desalentam"[2].

O Salmo 2, messiânico, talvez fosse na sua origem a oração do rei diante da revolta coletiva dos povos vizinhos que, sob Davi e Salomão, tinham chegado a estar submetidos a Israel. O tema ganha uma atualidade impressionante num momento em que parece haver uma espécie de apostasia coletiva em alguns países outrora cristãos: confunde-se a separação entre Igreja e Estado com o ateísmo de Estado, que parece ser a nova religião oficial; acusa-se os católicos de tentarem impingir a todos os cidadãos

---

(1) São Josemaria Escrivá, *Amigos de Deus*, ns. 304-305.

(2) São João da Cruz, *Cântico espiritual*, 2, 4.

"dogmas religiosos" toda a vez que simplesmente abrem a boca para manifestar a sua opinião em temas sociais; e as legislações "laicas" fazem questão de banir dos seus textos toda e qualquer referência a Deus, por mais geral e tênue que seja.

Mas o salmo não se detém em traçar um panorama desalentador; pelo contrário, atinge um dos cumes da confiança filial no Antigo Testamento. Anuncia nada menos que o mais forte e incomovível fundamento da esperança cristã: o amor redentor de Deus, que nos configura a cada um de nós com o seu próprio Filho encarnado. São Josemaria Escrivá, comentando o versículo 7 desse salmo, afirma: "As palavras não conseguem acompanhar o coração, que se emociona perante a bondade de Deus. Ele diz-nos: Tu és meu filho. Não um estranho, não um servo benevolamente tratado, não um amigo, que já seria muito. Filho! Concede-nos livre trânsito para vivermos com Ele a piedade de filhos e também — atrevo-me a afirmar — a desvergonha de filhos de um Pai que é incapaz de lhes negar seja o que for"[3]*. Imbuído dessa confiança, o cristão não se acovardará diante da pressão do ambiente, mas porá o que está da sua parte para defender os seus direitos de cidadão.*

Por fim, o Salmo 22, que também descreve os "sofrimentos do Justo", é uma das passagens mais densamente proféticas do Antigo Testamento. Os seus

---

(3) São Josemaria Escrivá, *É Cristo que passa*, Quadrante, São Paulo, nn. 185-186.

versículos preveem com detalhe os padecimentos de Cristo, e só ganham sentido à luz da sua Paixão. Muitos foram cumpridos literalmente durante aquelas horas, tanto pelos soldados romanos — que não costumavam saber hebraico e muito menos conhecer o conteúdo das Sagradas Escrituras judaicas — como pelos pontífices judeus, que não tinham o menor interesse em conferir um significado messiânico a esses textos.

O próprio Jesus pronunciou as primeiras palavras do Salmo 22 do alto da cruz — Meu Deus, meu Deus, por que me abandonastes? —, *o que indica que fazia seus os sentimentos de dor e solidão, mas também de confiança filial e abandono que esse salmo manifesta. Assim, este salmo e, em menor medida, o 69 podem ajudar-nos a penetrar de alguma forma nos sentimentos e na oração do Senhor durante essas horas amargas.*

Salmo 10
Os ímpios parecem triunfar neste mundo.

1. Por que, Senhor, ficais longe?
   Por que vos ocultais nas horas decisivas, na tribulação?
2. Enquanto se enche de orgulho, o ímpio persegue o pobre;
   seja apanhado nas intrigas que ele mesmo tramou!

3 Pois o pecador gloria-se nos desejos da sua alma
e o avaro abençoa-se a si mesmo.
4 Na sua arrogância, o ímpio despreza o Senhor:
"Deus não existe, não é necessário".
5 Isso é tudo o que ele pensa:
que os seus caminhos prosperarão em todo o tempo [...].
6 Com efeito, diz no seu coração: "Nada me abalará,
não sofrerei mal algum por gerações e gerações".
7 Tem a boca cheia de maldições, fraude e enganos;
a sua língua encobre o sofrimento e a iniquidade.
8 Põe-se de emboscada perto dos povoados,
assassina às ocultas o inocente.
9 Os seus olhos observam o pobre,
espreita às escondidas como o leão no seu covil,
arma ciladas para apanhar o infeliz,
arrebata-o atraindo-o para o seu laço.
10 Agacha-se e deita-se no chão[4], e os infortunados caem
sob a força dos seus braços.
11 Pois diz no seu coração: "Deus esqueceu-se,
virou o rosto, nunca vê nada".

12 Levantai-vos, Senhor Deus, erguei a vossa mão
e não vos esqueçais dos pobres.
13 Por que o ímpio há de desprezar a Deus
e dizer no seu coração: "[Deus] não é necessário"?

---

(4) Como um leão pronto para saltar sobre a presa.

14 [Mas] Vós vedes!: olhais os sofrimentos e a dor
para tomá-los nas vossas mãos.
O pobre encontra-se entregue a Vós,
Vós sois o amparo do órfão.
15 Esmagai o braço do pecador e do maligno,
persegui o seu pecado até encontrá-lo.
16 O Senhor é rei para sempre e pelos séculos dos séculos;
as nações desaparecerão da sua terra[5].
17 Senhor, ouvis os desejos dos humildes,
Confortais o seu coração e lhes prestais ouvidos
18 para que se faça justiça ao órfão e ao desvalido
e o homem tirado do pó já não volte a incutir medo!

Salmo 12
O reinado da duplicidade.

2 Salvai-me, Senhor, pois os santos se perdem
e os fiéis desaparecem dentre os filhos dos homens.
3 Não têm senão palavras mentirosas
uns para com os outros;

---

(5) O salmista refere-se, historicamente, aos povos pagãos que ocupavam a Palestina, e que deviam ceder ante o povo de Israel; espiritualmente, pode-se entender que não haverá pecado nem pecadores no reino dos Céus, ou seja, que apesar das aparências em contrário o mal acabará por ser vencido.

falam com lábios lisonjeiros e duplicidade de
coração.
4. Que o Senhor arruíne todos os lábios hipócritas
e a língua cheia de jactância,
5. aqueles que dizem: "Seremos engrandecidos
pela nossa língua,
os nossos lábios nos protegem,
quem nos há de dominar?"

6. "Pela miséria dos desvalidos e o gemido dos
pobres,
eis que me levanto", diz o Senhor;
"darei a salvação àquele que é desprezado".
7. As palavras do Senhor são puras,
prata acrisolada ao fogo, isenta de ganga,
sete vezes depurada.

8. Vós, Senhor, haveis de nos guardar e proteger
para sempre dessa raça.
9. Por toda a parte rondam os ímpios
enquanto a sordidez é exaltada entre os homens.

Salmo 73
Hesitação de um justo tentado pelo sucesso dos ímpios, e a superação dessa perplexidade pela confiança em Deus.

1. Como Deus é bom para os retos,
o Senhor para com os limpos de coração!

² [No entanto,] os meus pés quase escorregaram,
 por pouco não resvalaram os meus passos,
³ porque tive inveja dos arrogantes
 ao ver a prosperidade dos pecadores.

⁴ Para eles não há sofrimentos,
 o seu ventre é roliço e são.
⁵ Não participam das aflições dos mortais,
 não são atormentados como os outros homens.
⁶ Por isso o orgulho lhes serve de colar
 e a violência os cobre como um manto.
⁷ Da sua gordura transborda a iniquidade
 e ressumam os pensamentos do seu coração.
⁸ Zombam e falam com malícia,
 do alto decretam o mal[6].
⁹ Põem a sua boca no céu,
 mas a sua língua caminha pela terra.
¹⁰ Por isso assentam-se no alto
 e as águas transbordantes não chegam até eles[7].
¹¹ E dizem: "Como pode Deus sabê-lo?
 Será que o Altíssimo toma conhecimento?"
¹² Assim são os pecadores, abundantes no mundo,
 que multiplicam as suas riquezas.

¹³ E eu disse: "Então foi em vão que conservei
 limpo o coração
 e lavei as minhas mãos na inocência?

---

(6) *Do alto* pode entender-se quer como "da sua alta posição neste mundo", quer como "do alto do seu orgulho e arrogância".

(7) Ironia: julgam-se a salvo de todos os problemas.

¹⁴ Porque sou flagelado a cada dia
e castigado toda a manhã"[8].
¹⁵ [No entanto,] se eu dissesse: "Falarei como eles",
trairia a geração dos vossos filhos [, ó Senhor].
¹⁶ Eu refletia para compreender [tudo isto],
mas era cansativo aos meus olhos,
¹⁷ até que entrei no santuário de Deus[9]
e entendi como seria o final deles.
¹⁸ Realmente, Vós os pusestes
           numa pendente escorregadia,
Vós os lançastes na ruína.
¹⁹ Como caíram na desolação!
Desapareceram num instante, pereceram de
                                    horror.
²⁰ Como quem desperta de um sonho, Senhor,
desprezais a sombra deles ao levantar-vos.

²¹ Quando o meu coração se exacerbava
e os meus rins se confrangiam,
²² tornei-me insensato e não entendia:
era como um burrico diante de Vós.
²³ Mas [agora] estarei sempre convosco;
tomastes-me pela mão direita.

---

(8) Formulação pungente da dúvida que pode acometer-nos a todos: de que vale manter-se fiel a Deus, se as contrariedades e desgraças são tão frequentes?

(9) Para fazer oração, isto é, considerar as próprias dúvidas e perplexidades com sinceridade diante de Deus.

24 Guiai-me de acordo com o vosso desígnio
e haveis de acolher-me na vossa glória.

25 Quem há para mim no céu?[10]
Se estiver convosco, nada mais desejo sobre a
terra.

26 A minha carne e o meu coração desfalecem,
mas Deus é a rocha do meu coração
e a minha parte para sempre.

27 Eis que se perdem os que se afastam de Vós,
aniquilais os que vos renegam.

28 Mas, para mim, é bom agarrar-me a Deus,
pôr no Senhor a minha esperança,
a fim de anunciar a todos as vossas obras
diante das portas da filha de Sião[11].

Salmo 55 (vs. 2-15.17-23)
A perseguição e as intrigas dos mais próximos.

2 Prestai ouvidos, ó Deus, à minha oração,
não vos escondais da minha súplica;

3 atendei-me e ouvi-me.
Na minha angústia agito-me num vaivém,
perturbo-me

---

(10) Pergunta retórica. Fora de Deus, não vale a pena procurar mais nada ou mais ninguém, quer no céu (físico), quer na terra.

(11) *Filha de Sião* é, literalmente, Jerusalém, mas a expressão aplica-se também à Jerusalém celeste (cf. Ap 21, 9-27), imagem do próprio céu.

⁴ com a voz do inimigo e a opressão do pecador.

Porque eles lançaram iniquidades sobre mim
e me perseguiram com furor.
⁵ O coração retorce-se no meu íntimo
e recaiu sobre mim um pavor de morte.
⁶ Apoderaram-se de mim o temor e o tremor,
Cobriu-me o terror.

⁷ Então disse a mim mesmo: "Quem me dará asas
                              como as da pomba,
para que possa voar e encontrar descanso!
⁸ Assim fugiria para longe,
e me esconderia na solidão.
⁹ [Mas não:] Esperarei nAquele que me salvará
do vendaval e da tempestade".

¹⁰ Confundi-os, Senhor, dividi-lhes as línguas,
porque só vejo violência e discórdia na cidade.
¹¹ Dia e noite percorrem as suas muralhas,
no seu interior só há iniquidade, fadigas e traição,
¹² a duplicidade e a fraude nunca faltam nas suas
                                              praças.

¹³ Se fosse um inimigo quem me tivesse ultrajado,
tê-lo-ia suportado;
se quem me odeia se tivesse erguido contra mim,
ter-me-ia escondido dele.
¹⁴ Mas foste tu, tu mesmo, meu companheiro,
meu amigo íntimo e confidente,

¹⁵ com quem desfrutava em conjunto da doce
                                        amizade:
   por entre a multidão, íamos à casa de Deus.

¹⁷ Quanto a mim, porém, clamarei a Deus,
   e o Senhor me salvará.
¹⁸ De tarde, de manhã e ao meio-dia meditarei e
                                         gemerei,
   e Ele ouvirá a minha voz.
¹⁹ Libertará a minha alma dos que me acossam
                                 dando-lhe a paz,
   pois são muitos contra mim.
²⁰ Deus me ouvirá e os humilhará,
   Ele que é desde antes dos séculos.

   Não mudam
   nem temem a Deus.
²¹ Levantam a mão contra os seus aliados,
   violam os seus pactos.
²² A sua boca é mais suave do que a manteiga,
   mas o coração é pura guerra;
   as palavras são mais brandas do que o óleo,
   mas na verdade são espadas desembainhadas.

²³ Lança sobre o Senhor os teus cuidados,
   e Ele te sustentará;
   pois jamais entregará o justo à vacilação.

Salmo 69 (vs. 2-22.30-37)
A perseguição por causa da fé.

2. Salvai-me, ó Deus,
porque as águas me chegam ao pescoço.
3. Estou imerso em lodo fundo, não tenho
ponto de apoio;
cheguei às águas profundas e as ondas me
encobrem.
4. Cansei-me de gritar,
enrouqueceu-se-me a garganta;
desfalecem os meus olhos
enquanto espero [pelo] meu Deus.
5. Os que me odeiam sem motivo
multiplicaram-se mais que os cabelos da minha
cabeça;
os que me perseguem, os meus inimigos
mentirosos,
são mais fortes que os meus ossos:
querem que restitua o que não roubei!
6. Vós conheceis, ó Deus, a minha ignorância
e os meus delitos não vos são ocultos.
7. Que não se envergonhem por minha causa
os que esperam em Vós,
ó Senhor, Senhor dos exércitos.
Que não sejam confundidos por minha causa
os que vos procuram, ó Deus de Israel.

8. Foi por Vós que eu tive de suportar a desonra,
que a vergonha cobriu o meu rosto;

⁹ tornei-me um estranho para os meus irmãos,
um estrangeiro para os filhos da minha mãe.
¹⁰ Pois o zelo da vossa casa me devora
e os insultos dos que vos ultrajam recaíram
sobre mim.
¹¹ Se aflijo a minha alma com jejuns,
isso é motivo de vergonha para mim[12].
¹² Se uso um saco como veste,
torno-me ocasião de zombaria para eles.
¹³ Falam de mim os que se assentam às portas[13]
e os que bebem vinho cantam coplas a meu
respeito.

¹⁴ Eu, porém, oro a Vós, Senhor,
no tempo da vossa graça, ó Deus.
Escutai-me na multidão das vossas
misericórdias,
na fidelidade da vossa salvação.
¹⁵ Arrancai-me do lodo, não seja que me afunde;
livrai-me daqueles que me detestam
e das profundezas das águas.

---

(12) Porque os pecadores zombam do salmista. Como sempre, quem procura levar uma vida de acordo com os preceitos de Deus, torna-se ocasião de escândalo — escândalo farisaico — para quem está afastado dEle.

(13) As "portas" são as da cidade; referência aos ociosos, que se dedicam a matar o tempo com fofocas junto às portas da cidade. Como ali passam com frequência habitantes e forasteiros, é o lugar ideal para saber novidades.

16 Não seja eu submergido na torrente das águas
   nem me devore o abismo,
   nem se feche sobre mim a boca do poço.
17 Ouvi-me, Senhor, pois a vossa misericórdia é benigna;
   olhai para mim segundo a multidão
                 das vossas compaixões.
18 Não escondais o rosto ao vosso servo,
   [antes] atendei-me depressa, pois estou
                                atormentado.
19 Aproximai-vos da minha alma, reivindicai-a,
   e livrai-me por causa dos meus inimigos.

20 Conheceis a minha vergonha,
   a minha confusão e ignomínia.
   Todos os que me perseguem estão diante de Vós;
21 o opróbrio moeu o meu coração e desfaleci.
   Esperei por alguém que se entristecesse comigo,
                 e não houve ninguém.
22 Deram-me fel por alimento,
   na minha sede deram-me a beber vinagre[14].

30 Eu, porém, sou pobre e sofredor:
   que a vossa salvação, ó meu Deus, me proteja.
31 Louvarei o nome do Senhor com cânticos
   e o glorificarei com um hino de gratidão.

---

(14) Versículos proféticos, que encontrariam o seu cumprimento por ocasião da Paixão de Cristo (cf. Mt 27, 48; Mc 15, 36; Lc 23, 36; Jo 19, 29-30).

³² E isto agradará mais a Deus do que um touro[15],
do que um novilho que produz chifres e cascos.
³³ Vejam-no os humildes e alegrem-se;
buscai a Deus, e o vosso coração reviverá,
³⁴ pois o Senhor dá ouvidos aos necessitados
e não despreza os seus cativos.
³⁵ Louvem-no os céus e a terra,
os mares e tudo o que neles se move.

³⁶ Porque Deus salvará Sião[16]
e reconstruirá as cidades de Judá;
ali hão de morar e a possuirão.
³⁷ A descendência dos seus servos há de herdá-la
e os que amam o seu nome fixarão a sua morada
nela.

Salmo 142
Clamor a Deus do meio da solidão e da angústia.

² Clamo ao Senhor com grandes brados,
em alta voz imploro ao Senhor.

---

(15) O sacrifício de um touro.

(16) O salto de perspectiva que ocorre nestes versículos finais, do individual para o coletivo, explica-se porque, para o hebreu antigo, a súplica individual sempre abarcava também a salvação do povo. Em sentido espiritual podem aplicar-se à Igreja, a coletividade formada por todos os batizados, unidos entre si pela comunhão dos santos no único Corpo místico de Cristo.

3. Diante dEle derramo o meu lamento
   e desafogo com Ele a minha angústia.
4. Quando o meu espírito desfalece dentro de mim,
   Vós conheceis todos os meus caminhos.
   Na senda pela qual eu andava,
   esconderam-me uma armadilha.
5. Olho para a direita e vejo:
   não há quem cuide de mim.
   Não há refúgio para mim,
   não há quem se interesse pela minha vida.

6. A Vós clamei, Senhor;
   disse: "Vós sois o meu refúgio,
   a minha porção na terra dos viventes.
7. Atendei o meu clamor,
   porque estou extremamente humilhado.
   Livrai-me dos que me perseguem,
   porque são mais fortes do que eu.
8. Tirai a minha alma da prisão,
   para que possa dar graças ao vosso nome.
   Os justos virão rodear-me
   quando me tiverdes feito este benefício".

Salmo 77
Superação do desânimo pela fé no auxílio divino.

2. Clamei ao Senhor com a minha voz,
   com a minha voz, e atendeu-me.

³ No dia da minha angústia procurei a Deus,
as minhas mãos estenderam-se de noite
sem se cansarem.
A minha alma recusa consolar-se;
⁴ lembro-me de Deus e gemo;
esforço-me [tanto que] o meu espírito desfalece.

⁵ Conservaste abertas as pálpebras dos meus olhos;
fiquei perturbado, não falei [mais].
⁶ Pensei nos dias passados
⁷ e recordei os anos remotos.
Meditei de noite com o meu coração
e perscrutei e esquadrinhei o meu espírito:

⁸ "Por acaso Deus nos rejeitou para sempre?
Não mais nos terá ao seu lado para alegrar-se
conosco?
⁹ Terá terminado para sempre a sua misericórdia?
Terá cessado definitivamente a sua promessa?
¹⁰ Será que Deus se esqueceu de ter piedade?
Ou será que, na sua ira, retém as suas
misericórdias?"

¹¹ Disse então [a mim mesmo]: "Esta é a minha
ferida:
que a destra do Altíssimo mudou"...
¹² [Mas não:] Lembrar-me-ei das obras do Senhor,
recordar-me-ei das vossas maravilhas desde o
princípio.

¹³ Meditarei em todas as vossas obras,
empenhar-me-ei em [cumprir] os vossos
preceitos.

¹⁴ Ó Deus, o vosso caminho é santo;
que deus pode ser tão grande quanto o nosso
Deus?
¹⁵ Vós sois o Deus que faz maravilhas,
manifestastes o vosso poder entre os povos.
¹⁶ Resgatastes no poder do vosso braço o vosso povo,
os filhos de Jacó e de José.

¹⁷ Viram-vos as águas, ó Deus,
viram-vos as águas e afligiram-se,
estremeceram os abismos.
¹⁸ As nuvens derramaram as suas águas,
fizeram ouvir a sua voz,
e rebrilharam as vossas flechas[17].
¹⁹ A voz dos vossos trovões no torvelinho:
os vossos relâmpagos iluminaram o orbe da terra,
que se abalou e estremeceu.

²⁰ No mar a vossa estrada,
os vossos caminhos no meio das muitas águas,
[e mesmo assim] os vossos passos
permaneceram invisíveis.
²¹ Conduzistes o vosso povo como um rebanho,
pelas mãos de Moisés e de Aarão.

---

(17) Os raios.

Salmo 90
Súplica pela bênção divina ante a incerteza e a brevidade da vida.

1. Senhor, fostes o nosso refúgio
   de geração em geração.
2. Antes que nascessem as montanhas e fossem
   gerados a terra e o orbe,
   desde toda a eternidade, Vós sois Deus.

3. Reduzis o homem ao pó
   e dizeis: "Voltai, filhos dos homens".
4. Porque mil anos, diante dos vossos olhos,
   são como o dia de ontem que passou,
   como uma vigília da noite.

5. Vós os arrebatais: eles são um sonho ao
   amanhecer,
   como a erva que cresce.
6. De manhã floresce e viceja,
   à tarde é cortada e seca.
7. Pois somos consumidos pela vossa ira
   e acabrunhados pelo vosso furor.
8. Pusestes diante de Vós as nossas culpas
   e à luz do vosso rosto os nossos pecados ocultos.

9. Os nossos dias desfazem-se diante da vossa ira,
   consumimos os nossos anos como um sopro.
10. Os anos da nossa vida são setenta,
    oitenta para os mais fortes.

A maior parte deles se passa em fadigas e dor,
porque passam rápido, e empreendemos o voo.
¹¹ Quem conhece a força da vossa ira
e a vossa indignação segundo o temor que vos é
devido?

¹² Ensinai-nos a bem contar os nossos dias,
para inclinarmos o coração à sabedoria.
¹³ Voltai-vos, Senhor! Até quando?
E mostrai-vos acessível aos vossos servos.
¹⁴ Cumulai-nos de manhã com a vossa misericórdia,
e exultaremos e nos alegraremos
em todos os nossos dias.
¹⁵ Consolai-nos pelos dias em que nos humilhastes,
pelos anos em que passamos mal.

¹⁶ Resplandeça a vossa obra diante dos vossos servos
e a vossa beleza diante dos seus filhos.
¹⁷ Esteja sobre nós o esplendor do Senhor, nosso
Deus,
e tornai prósperas as obras das nossas mãos,
tornai próspera a obra das nossas mãos.

Salmo 13
Clamor esperançado ante o silêncio de Deus.

² Até quando, Senhor, continuareis a esquecer-me?
Até quando desviareis de mim o vosso rosto?
³ Até quando estará angustiada a minha alma
e o meu coração dolorido dia após dia?

Até quando prevalecerá o meu inimigo contra
mim?

4 Olhai e ouvi-me, Senhor, meu Deus!
Dai luz aos meus olhos, não seja que eu
adormeça na morte,
5 não seja que o meu inimigo venha a dizer:
"Venci-o!",
nem os que me atormentam exultem
com a minha queda.

6 Espero na vossa misericórdia.
O meu coração rejubilar-se-á na vossa salvação,
e então cantarei ao Senhor que me cobre de bens.

Salmo 31
Confiança em Deus no meio das tribulações.

2 Em Vós, Senhor, esperei: não seja eu confundido
para sempre.
Na vossa justiça, livrai-me!
3 Inclinai para mim o vosso ouvido,
apressai-vos a libertar-me.
Sede para mim uma rocha de refúgio,
uma fortaleza bem armada para me salvar.

4 Porque Vós sois a minha rocha e o meu refúgio,
e por amor do vosso nome conduzis-me e
apascentais.
5 Livrar-me-eis das ciladas que me armaram
porque sois a minha fortaleza.

6 Nas vossas mãos entrego o meu espírito[18];
   Vós me resgatastes, Senhor, Deus da verdade[19].
7 Detestais os que adoram os ídolos vazios;
   eu, porém, esperei no Senhor.
8 Exultarei e me alegrarei na vossa misericórdia
   porque olhastes para a minha humildade;
   compreendestes as angústias da minha alma
9 e não me entregastes às mãos do inimigo:
   pusestes os meus pés num caminho espaçoso.

10 Tende piedade de mim, Senhor,
                    porque estou atribulado;
   de tristeza definham os meus olhos,
   a minha alma e as minhas entranhas.
11 Porque a minha vida se desfaz em dor
   e os meus anos em gemidos;
   a minha força esgotou-se na pobreza,
   os meus ossos consumiram-se.

12 Tornei-me objeto de zombaria
                    de todos os meus inimigos,
   escárnio dos vizinhos e pavor para os conhecidos;
   fogem de mim os que me veem na rua.
13 Fui esquecido pelos corações como um morto,
   sou como um vaso quebrado.

---

(18) Versículo empregado por Cristo à hora da morte (cf. Lc 23, 46).

(19) *Deus da verdade* pode traduzir-se também como *Deus fiel*, veraz, porque cumpre as suas promessas.

14 Ouvi os insultos de muitos,
em toda a parte o terror!
Confabularam-se contra mim
e decidiram tirar-me a vida.

15 Mas eu, Senhor, esperei em Vós;
disse: "Vós sois o meu Deus.
16 O meu destino está nas vossas mãos".
Arrancai-me das garras dos meus inimigos
e daqueles que me perseguem;
17 fazei brilhar o vosso rosto sobre o vosso servo,
salvai-me na vossa misericórdia.

18 Senhor, não seja eu envergonhado,
                        uma vez que vos invoquei;
enrubesçam de vergonha os ímpios
                        e calem-se no reino dos mortos.
19 Tornai mudos os lábios mentirosos
que proferem insolências contra o justo
com arrogância e impropriedade.

20 Como é grande, Senhor, a multidão das vossas
                                      delícias
que reservastes para os que vos temem
e preparastes para os que esperam em Vós,
aos olhos dos filhos dos homens.
21 Vós os escondeis no refúgio do vosso rosto
das perturbações causadas pelos homens;
Vós os protegeis na vossa tenda
da contradição das línguas.

22. Bendito seja o Senhor,
    que usou da sua maravilhosa bondade
    na cidade fortificada.
23. Eu tinha dito no meu temor:
    "Fui cortado da vossa presença".
    Mas Vós ouvistes o brado da minha oração
    quando clamava a Vós.

24. Amai o Senhor, todos os seus santos!
    Ele protege os fiéis
    e castiga com rigor os que procedem com
    soberba.
25. Agi varonilmente e fortalecei o vosso coração,
    todos vós que esperais no Senhor.

Salmo 2

Mesmo que as nações se rebelem, estão submetidas ao Messias, Filho de Deus.

1. Por que se agitam as nações
   e os povos tramam projetos vãos?
2. Levantaram-se os reis da terra
   e os príncipes se reuniram
   contra o Senhor e contra o seu Ungido:
3. "Rompamos as suas correntes
   e lancemos longe de nós o seu jugo!"

4 Aquele que mora nos céus ri-se deles,
  o Senhor zomba deles.
5 Então lhes falará na sua ira
  e os aterrará com o seu furor:
6 "Eu mesmo ungi o meu Rei
  em Sião, meu monte santo".

7 Proclamarei o decreto do Senhor[20].
  Disse-me Ele: "Tu és o meu filho,
  eu hoje te gerei.
8 Pede-me, e te darei as nações em herança
  e em propriedade até os confins da terra.
9 Hás de governá-las com cetro de ferro
  e as quebrarás como um vaso de argila".

10 Agora, ó reis, compreendei-o;
   aprendei, ó vós que governais a terra.
11 Servi o Senhor com temor
   e aclamai-o com tremor.
   Aprendei este ensinamento, não seja que [Ele] se
   irrite
   e percais o caminho
   quando, em breve, se acender a sua ira.

Felizes todos os que nEle confiam.

---

(20) Agora fala o Ungido, o Messias.

Salmo 22

Os sofrimentos do Justo e a sua vitória.

2. Meu Deus, meu Deus, por que me abandonastes?[21]
   As palavras do meu gemido estão longe
                               da minha salvação[22].
3. Meu Deus, clamo de dia e não me ouvis;
   imploro de noite e não há descanso para mim.

4. No entanto, Vós sois santo,
   Vós que morais entre os louvores de Israel.
5. Os nossos pais esperaram em Vós,
   esperaram, e Vós os livrastes,
6. a Vós clamaram e foram salvos,
   confiaram em Vós e não foram confundidos.

7. Mas eu sou um verme, e não um homem,
   o opróbrio dos homens e a abjeção da plebe.
8. Todos os que me veem riem-se de mim,
   torcem os lábios, meneando a cabeça:
9. "Esperou no Senhor: Ele que o livre;
   que o salve, já que o ama"[23].

---

(21) Palavras de Cristo na Cruz (Mt 27, 46; Mc 15, 34).

(22) Isto é, a minha oração, mesmo entre gemidos, nada consegue obter para a minha salvação.

(23) Versículos proféticos, que se cumpriram literalmente nas zombarias que os Príncipes dos sacerdotes, com os escribas e fariseus, lançavam a Cristo na cruz (cf. Mt 27, 43; Lc 23, 35).

¹⁰ Sim, fostes Vós que me tirastes do ventre
e me confiastes aos seios da minha mãe.
¹¹ Estou protegido em Vós desde o útero,
desde o ventre da minha mãe Vós sois o meu
Deus.

¹² Não vos afasteis de mim,
pois a tribulação está próxima
e não há quem me ajude.

¹³ Rodeiam-me muitos novilhos,
fazem-me cerco touros de Basã[24];
¹⁴ abrem as suas fauces contra mim,
como o leão que ruge e arrebata.
¹⁵ Derramo-me como água
e todos os meus ossos se desconjuntam;
o meu coração tornou-se como cera,
derrete-se nas minhas entranhas.
¹⁶ Seca como barro cozido está a minha garganta,
a minha língua adere ao paladar:
Vós me reduzistes ao pó da morte.

¹⁷ Porque me cerca uma malta de cães,
sitia-me um bando de malfeitores.
Trespassaram as minhas mãos e os meus pés,
¹⁸ e posso contar todos os meus ossos.
Eles, porém, me olham e me observam;

---

(24) Basã era a região ao sul dos montes de Golan, famosa pelos pastos e pelo gado bravo. As imagens que apresentam os inimigos como *novilhos*, *touros* e *leões* exprimem a sua força e ferocidade.

19 repartiram entre si as minhas vestes
e lançaram sortes sobre a minha túnica[25].

20 Mas Vós, Senhor, não vos afasteis de mim,
minha fortaleza, apressai-vos a ajudar-me.

21 Livrai a minha alma da espada
e a minha única vida das garras dos cães.

22 Salvai-me das fauces do leão,
[protegei] a minha pequenez dos chifres dos búfalos.

23 [Então] anunciarei o vosso nome aos meus irmãos,
louvar-vos-ei no meio da assembleia.

24 Vós que temeis o Senhor, louvai-o;
que toda a estirpe de Jacó o glorifique
e o tema toda a descendência de Israel,

25 porque Ele não desdenhou nem desprezou
a aflição do pobre,

---

(25) Versículos proféticos: ao ser crucificado, o Senhor teve mãos e pés trespassados pelos pregos que o prendiam à cruz; além disso, num crucificado, os músculos se retesam e o peito fica estufado, fazendo aparecer a arcadura óssea sob a pele (cf. Pierre Barbet, *A Paixão de Cristo segundo um cirurgião*, 10a. ed., Loyola, São Paulo, 2003, pp. 86-94 e 206). Era costume entre os romanos que os soldados encarregados de uma crucifixão repartissem entre si as posses do condenado, o que concorda com o testemunho dos quatro Evangelhos (Mt 27, 35; Mc 15, 24; Lc 23, 34; Jo 19, 23-24); João acrescenta que não quiseram dividir a túnica, porque estava tecida de uma só peça, e decidiram disputá-la lançando dados.

nem dele desviou o rosto,
mas lhe deu ouvidos quando lhe suplicava.

²⁶ Diante de Vós está o meu louvor na grande
assembleia;
cumprirei os meus votos na presença
dos que vos temem.
²⁷ Os pobres comerão e serão saciados,
e louvarão o Senhor aqueles que o procuram
[, dizendo]:
"Vivam para sempre os seus corações".
²⁸ Todos os confins da terra
hão de lembrar-se do Senhor e converter-se a Ele,
e todas as famílias das nações
se prostrarão diante dEle.
²⁹ Porque do Senhor é o reino
e Ele impera sobre as nações.
³⁰ Só a Ele adorarão
todos os que dormem na terra;
diante dEle se prostrarão
os que descem ao pó.
³¹ A minha alma, porém, viverá para Ele
e a minha descendência há de servi-lo.
Ela falará do Senhor às gerações que virão
e proclamará a sua justiça
ao povo que vai nascer: "Eis o que fez o Senhor!"

CONFIANÇA EM DEUS

Impressiona ver nos salmos o que já pudemos observar na seleção anterior: que a queixa nunca é amarga ou desesperada, mas sempre desemboca na esperança em Deus criador, Senhor invencível do Universo e da História, Aliado fiel do homem. Agora, nos salmos agrupados neste capítulo, essa confiança transparece ainda mais plenamente, não apenas nas situações de adversidade, mas em toda a vida humana.

Como advertem estes salmos, a confiança não é uma atitude infantil, passiva, mas exige do homem algumas disposições básicas: estar pendente de Deus, *atento aos menores acenos da Sua vontade, por mais que a alma esteja cansada e saturada (Sl 123);* pôr as esperanças nEle, *com a consciência clara de que está interessado na sua criatura (Sl 121);* superar com fortaleza *a tristeza, o medo e o desfalecimento interiores que a contrariedade produz, sabendo ao mesmo tempo que essa fortaleza vem da luz e da verdade do Senhor (Sl 43); e* prescindir das falsas esperanças *meramente humanas — nos homens,*

113

nos bens materiais —, apesar da fraqueza pessoal e do acosso das dificuldades (Sl 62).

Mas não se trata apenas de uma virtude exigente — nem de longe adocicada ou suave — que tem de ser praticada com a cooperação do esforço humano. Tem a sua raiz nos atributos da Divindade: a sua justiça (Sl 11), a sua misericórdia (Sl 86) e, sobretudo, a sua onipotência, que o Salmo 18 descreve sob a forma de uma esplêndida teofania. Com efeito, "nada é mais adequado para consolidar a nossa fé e a nossa esperança — diz o Catecismo da Igreja Católica *— do que a convicção profundamente gravada nas nossas almas de que nada é impossível para Deus"*[1].

Os salmos seguintes descrevem com belíssimas imagens os efeitos da confiança: Deus liberta de todo o mal aquele que nEle deposita a sua confiança e toma-o sob as suas asas (Sl 91); transmuda o sofrimento em felicidade, as lágrimas em cânticos de alegria (Sl 126); e dá a terra em herança aos justos (Sl 37).

O Salmo 80 é um modelo de súplica repleta de abandono no Senhor, posta na boca de Israel inteiro; o 118 representa o exultante triunfo do homem que confiou em Deus, e o 125 o descreve sob a imagem da montanha, dotada de uma firmeza inabalável.

Por fim, o Salmo 23, justamente popular na piedade cristã, resume tudo isso na forma de duas metáforas, a do Senhor como pastor e a do Senhor como

---

(1) *Catecismo da Igreja Católica*, n. 274.

anfitrião. Em tudo isto fica claro como a confiança em Deus é o resultado de uma entrega mútua entre Deus e homem.

Salmo 123 (vs. 1-3)
Fixar os olhos no Deus da misericórdia.

1. A Vós levanto os meus olhos,
   a Vós que habitais nos céus.

2. Como os olhos dos servos estão fixos
   nas mãos dos seus senhores,
   como os olhos das servas estão fixos
   nas mãos das suas senhoras,
   assim os nossos olhos estão fixos no Senhor,
   nosso Deus,
   até que tenha piedade de nós.

3. Tende misericórdia de nós, Senhor,
   tende misericórdia de nós,
   porque estamos saturados de desprezo.

Salmo 121
O nosso socorro vem do Senhor.

1. Levantarei os meus olhos para os montes:
   de onde me virá o socorro?
2. O meu socorro virá do Senhor,
   que criou os céus e a terra.

3 Ele não permitirá que o teu pé tropece,
   nem dormitará aquele que te guarda.
4 Não, não há de dormir nem cochilar
   aquele que guarda Israel.

5 O Senhor te guarda,
   o Senhor é o teu abrigo
   sempre à tua direita[2].
6 De dia, o sol não te castigará,
   nem a lua de noite[3].
7 O Senhor te guardará de todo o mal,
   o Senhor guardará a tua alma.
8 O Senhor guardará as tuas entradas e as tuas saídas[4],
   desde agora e para sempre.

Salmo 43
A nossa fortaleza vem de Deus.

1 Julgai-me, ó Deus,
   e defendei a minha causa da gente ímpia,
   do homem iníquo e doloso livrai-me.

---

(2) Equivale a "ao alcance da mão", sempre disponível.

(3) Pensava-se que o luar fosse nocivo à saúde.

(4) *As tuas entradas e as tuas saídas* equivale a "todos os teus passos".

2   Vós sois o Deus do meu refúgio:
    Por que me repelistes?
    Por que devo andar triste quando o inimigo me
                                            afligir?

3   Enviai a vossa luz e a vossa verdade;
    que elas me guiem e me conduzam
    ao vosso monte santo e aos vossos tabernáculos.
4   E subirei ao altar de Deus,
    ao Deus da minha alegria e exultação.
    Louvar-vos-ei com a cítara, ó Deus, meu Deus!

5   Por que estás triste, ó minha alma,
    e por que te inquietas dentro de mim?
    Espera em Deus, porque ainda hei de louvá-lo:
    Ele é a salvação do meu rosto e o meu Deus.

Salmo 62
Confiar em Deus, não nos homens.

2   Descansa apenas em Deus, ó minha alma,
    pois dEle vem a minha salvação.
3   Só ele é a minha rocha e a minha salvação,
    o meu castelo: já não vacilarei.

4   Até quando caireis sobre um homem,
                    [querereis] espancá-lo todos vós,
    [para derrubá-lo] como a uma parede inclinada,
                        como a um muro arruinado?

⁵ Sim, da sua altura pretendem derrubá-lo,
deleitam-se na mentira,
abençoam com a boca
e amaldiçoam no coração.

⁶ Descansa apenas em Deus, ó minha alma,
pois dEle vem a minha paciência.
⁷ Só Ele é o meu Deus e a minha salvação,
o meu castelo: já não vacilarei.

⁸ Em Deus estão a minha salvação e a minha glória
Deus é a minha rocha forte, o meu refúgio está
nEle.
⁹ Confiai nEle, ó povo todo em assembleia,
derramai diante dEle o vosso coração;
Deus é um refúgio para nós.
¹⁰ Realmente os filhos de Adão não passam de um
sopro,
e de uma mentira os filhos dos homens.
Se subissem a uma balança,
todos juntos seriam mais leves que o fumo.

¹¹ Não pretendais confiar na violência
e não queirais enganar-vos com a cobiça;
nas riquezas — se vierem — não queirais pôr o
coração.
¹² Deus falou uma só vez,
eu ouvi estas duas [coisas]:
que todo o poder é de Deus,
¹³ que a misericórdia, Senhor, é vossa,
pois dais a cada um segundo as suas obras.

Salmo 11
O Senhor é justo e ama a justiça.

1. Confio no Senhor! Por que dizeis à minha alma:
   "Foge para a montanha, como um passarinho!
2. Eis que os pecadores retesaram o arco,
   ajustaram as suas flechas à corda,
   a fim de alvejar no escuro os retos de coração.
3. Quando os fundamentos são subvertidos,
   que há de fazer o justo?"

4. Mas o Senhor está no seu templo santo,
   o Senhor, que tem o seu trono no céu.
   Os seus olhos observam o pobre,
   as suas pálpebras examinam os filhos dos
   homens.
5. O Senhor sonda o justo e o ímpio,
   e a sua alma[5] detesta aquele que ama a
   iniquidade.
6. Fará chover brasas de fogo e enxofre sobre os
   pecadores
   e um vento de tempestade será parte do seu
   cálice[6].

7. Porque o Senhor é justo e ama a justiça;
   e os retos contemplarão o seu rosto.

---

(5) Isto é, Ele mesmo.

(6) A expressão *cálice* equivalia a "quinhão", aquilo que cabe a cada um.

Salmo 86
Deus é rico em misericórdia.

1. Inclinai o vosso ouvido, Senhor, escutai-me,
   porque sou pobre e desvalido.
2. Guardai a minha alma porque vos sou fiel;
   Deus meu, salvai o vosso servo que espera em
   Vós.

3. Tende piedade de mim, Senhor,
   pois todo o dia tenho clamado a Vós.
4. Alegrai a alma do vosso servo,
   porque a Vós, Senhor, tenho elevado a minha
   alma.
5. Porque Vós, Senhor, sois amável e clemente,
   rico em misericórdia para com todos
   os que vos invocam.

6. Ouvi, Senhor, a minha oração
   e atendei à voz da minha súplica.
7. No dia da minha tribulação é que vos invoco,
   porque Vós me dareis ouvidos.
8. Não há quem seja semelhante a Vós entre os
   deuses[7],
   Senhor,
   não há nada como as vossas obras.

---

(7) Provavelmente, referência aos deuses dos povos vizinhos.

⁹ Todas as nações que fizestes virão prostrar-se
diante de Vós, Senhor,
e glorificarão o vosso nome,
¹⁰ porque Vós sois grande e fazeis maravilhas:
só Vós sois Deus.

¹¹ Ensinai-me, Senhor, o vosso caminho,
para que eu ande na vossa verdade;
fazei com que o meu coração seja simples
para que tema o vosso nome.
¹² Confessar-vos-ei, Senhor meu Deus, de todo o
coração
e glorificarei o vosso nome para sempre,
¹³ pois a vossa misericórdia é imensa para comigo
e livrastes a minha alma das profundezas do
inferno.

¹⁴ Ó Deus, os soberbos ergueram-se contra mim,
uma multidão de poderosos busca a minha alma
sem vos terem presente ante os olhos.
¹⁵ Mas Vós, Senhor, sois um Deus piedoso e
compassivo,
paciente e rico em misericórdia e fidelidade;
¹⁶ olhai-me e tende piedade de mim;
dai a vossa força ao vosso servo,
salvai o filho da vossa escrava.

¹⁷ Mostrai-me um sinal da vossa benevolência,
para que os que me odeiam vejam, cheios de
vergonha,
que Vós me ajudais e consolais, Senhor.

Salmo 18
Deus é onipotente, e o seu infinito poder ergue-se em favor daquele que o invoca.

Primeiro relato: fraqueza humana
e manifestação de Deus

2 Eu vos amo, Senhor, minha fortaleza!
3 Senhor, minha coluna, meu refúgio e meu
                                        libertador;
   o meu Deus é a minha rocha, nEle esperarei,
   meu protetor, força da minha salvação
                                e minha cidadela.

4 Invoco o Senhor, digno de louvor,
   e fico a salvo dos meus inimigos.
5 Circundavam-me os vagalhões da morte
   e as torrentes de Belial[8] me aterrorizavam,
6 enlaçavam-me as cadeias do *sheol*,
   estendiam-me laços de morte.
7 [Mas] na minha angústia invoquei o Senhor,
   gritei ao meu Deus:
   do seu templo Ele ouviu a minha voz
   e o clamor que elevei diante dEle
                        penetrou nos seus ouvidos.

---

(8) *Belial*: literalmente "sem valor" ou "sem utilidade", é um dos nomes atribuídos ao demônio.

8 A terra vacilou e estremeceu,
os fundamentos das montanhas abalaram-se
e tremeram quando Deus se irou.
9 Subia fumaça das suas narinas
e um fogo devorador da sua boca,
brasas incandescentes saltavam diante dEle.
10 Inclinou os céus e desceu,
tendo sob os pés a escuridão.

11 Cavalgou sobre um querubim e voou,
levado sobre as asas do vento.
12 Envolveu-se nas trevas como um véu,
e ao seu redor, como uma tenda,
[dispôs] as águas tenebrosas, densas nuvens.
13 As nuvens dissiparam-se diante dEle
                          por causa do seu resplendor:
granizo e brasas de fogo.
14 Dos céus trovejou o Senhor,
o Altíssimo fez ressoar a sua voz:
granizo e brasas de fogo.
15 Lançou as suas setas e dispersou [os inimigos],
fulminou relâmpagos e os aterrorizou.
16 Apareceram então as fontes das águas
e ficaram à vista as fundações do orbe da terra,
diante da vossa repreensão, Senhor,
diante do sopro da vossa ira.

17 Estendeu a sua mão das alturas e apanhou-me,
tirou-me das muitas águas;
18 livrou-me dos meus fortíssimos inimigos
e daqueles que me odeiam,
pois eram mais fortes do que eu.

19 Tinham-me atacado no dia do meu infortúnio,
   mas o Senhor foi o meu apoio;
20 levou-me para o caminho amplo
   e salvou-me, porque me ama.

21 O Senhor retribuiu-me segundo a minha
                                       inocência,
   remunerou-me de acordo com a pureza
                                 das minhas mãos,
22 porque guardei os caminhos do Senhor
   e não me afastei de Deus pela impiedade.
23 Tenho diante dos olhos todos os seus preceitos
   e não rejeito os seus vereditos;
24 assim andei irrepreensivelmente diante dEle
   e me mantive longe da iniquidade.

25 O Senhor retribuiu-me segundo a minha
                                       inocência,
   remunerou-me de acordo com a pureza das
                                  minhas mãos
   ante os seus olhos.

26 Com o santo vos mostrais santo,
   com o varão íntegro, íntegro,
27 puro com quem é puro,
   prudente com quem é astuto.
28 Pois salvais o povo humilde
   e humilhais os semblantes dos soberbos.
29 Sois Vós que acendeis a minha lâmpada, Senhor:
   sois Vós que dissipais as minhas trevas.

30 Convosco enfrentarei exércitos,
com o meu Deus saltarei muralhas.

Segundo relato: Deus dá forças a quem nEle confia

31 Deus!: imaculado é o seu caminho,
provada pelo fogo a sua palavra;
é o escudo de todos os que esperam nEle.
32 Pois quem é Deus afora o Senhor?
Quem é a cidadela, senão o nosso Deus?
33 Deus, que me cinge de fortaleza
e prepara para mim um caminho imaculado!;
34 que torna os meus pés semelhantes aos dos cervos
e me estabeleceu nas alturas!;
35 que prepara as minhas mãos para o combate
e os meus braços para o arco de bronze.

36 Vós me dais o escudo da vossa salvação,
a vossa destra sustenta-me
e as vossas atenções engrandecem-me.

37 Alargais o caminho sob os meus passos
para que os meus pés não tropecem.
38 Persigo os meus inimigos e os alcanço,
e não volto sem que os tenha aniquilado.
39 Despedaço-os e já não podem levantar-se,
ficam caídos sob os meus pés.
40 Cingis-me de coragem para a guerra
e dobrais os meus adversários diante de mim.

⁴¹ Fazeis os meus inimigos voltarem as costas[9]
 e arruinais os que me odeiam.
⁴² Clamam por socorro, mas não há quem os salve;
 recorrem ao Senhor, que não lhes dá ouvidos.
⁴³ Disperso-os como o pó que o vento leva,
 piso-os como o barro das ruas.
⁴⁴ Livrais-me das revoltas do povo
 e pondes-me à frente das nações:
 serve-me um povo que eu nem conhecia,
⁴⁵ ouve-me e obedece-me;
⁴⁶ os filhos dos estrangeiros adulam-me,
 os filhos dos estrangeiros desfalecem
 e estremecem nos seus esconderijos.

⁴⁷ Viva o Senhor!, bendita seja a minha rocha!
 Exaltado seja o Deus da minha salvação!
⁴⁸ Deus, que me dais a vingança
 e me submeteis os povos,
⁴⁹ Aquele que me liberta de inimigos furiosos
 e revoltados, e me exalta,
 e me salva do homem iníquo!
⁵⁰ Por isso, Senhor, louvar-vos-ei entre as nações,
 e cantarei em honra do vosso nome:
⁵¹ [esse nome que] engrandece a salvação do seu rei
 e tem misericórdia do seu ungido,
 de Davi e da sua descendência para sempre.

---

(9) Porque fogem.

Salmo 91

Quem está com Deus não tem por que temer mal algum.

1. Quem mora sob a proteção do Altíssimo
   permanecerá à sombra do Onipotente.
2. Diz ao Senhor: "O meu refúgio e a minha cidadela
   é o meu Deus: nEle esperarei".

3. Ele é quem te livrará do laço dos caçadores
   e da peste destruidora.
4. Cobrir-te-á com as suas asas
   e sob as suas plumas te refugiarás:
   a sua fidelidade é escudo e armadura.
5. Não temerás os terrores noturnos
   nem a flecha que voa à luz do dia,
6. a peste que perambula nas trevas
   nem o extermínio que devasta ao meio-dia.

7. Cairão mil [homens] ao teu lado
   e dez mil à tua direita,
   mas tu não serás atingido.
8. Bastará que olhes com os teus olhos
   e verás a retribuição dos pecadores.
9. Porque Vós sois, Senhor, o meu refúgio.
   Escolheste o Altíssimo por morada;
10. [por isso] nenhum mal te atingirá
    e nenhum flagelo se aproximará da tua tenda,
11. pois Ele mandou aos seus anjos
    que te guardem em todos os teus caminhos.

¹² Eles te levarão nas mãos
para que não machuques o teu pé em alguma
pedra.
¹³ Sobre a serpente e a víbora andarás,
calcarás aos pés o leão e o dragão.

¹⁴ Porque se uniu a mim, Eu o livrarei[10];
apoiá-lo-ei porque conhece o meu Nome.
¹⁵ Invocar-me-á e Eu o escutarei;
estarei com ele na tribulação,
hei de livrá-lo e cobri-lo de glória.
¹⁶ Saciá-lo-ei com uma multidão de dias
e mostrar-lhe-ei a minha salvação.

Salmo 126
O Senhor muda as lágrimas em alegria.

¹ Quando o Senhor reconduziu Sião do cativeiro,
estávamos como que sonhando.
² A nossa boca encheu-se de alegria,
a nossa língua de exultação.
Dizia-se então entre os pagãos:
"O Senhor fez por eles grandes coisas".
³ O Senhor fez por nós grandes coisas;
estamos cheios de alegria!

---

(10) Nos versículos seguintes, é Deus quem fala.

4. Reconduzi, Senhor, os nossos cativos
   como torrentes do sul[11].
5. Os que semeiam entre lágrimas[12]
   colherão com alegria.
6. Na ida, caminhavam chorando,
   levando a semente por espalhar.
   Na volta, virão com alegria,
   trazendo os seus feixes.

Salmo 37
Os justos herdarão a terra.

1. Não queiras imitar os que cometem o mal
   nem tenhas inveja dos que praticam a

   iniquidade,
2. pois em breve secarão como o feno,
   murcharão como a erva verde.

3. Confia no Senhor e faze o bem,
   e assim habitarás a terra e alimentar-te-ás na fé.
4. Deleita-te no Senhor,
   e Ele te concederá os desejos do teu coração.

5. Confia ao Senhor os teus caminhos e espera nele,
   e Ele agirá:

---

(11) Referência aos rios temporários do deserto do Negueb, que nas chuvas transbordam com violência.

(12) Semeiam com esforço e sofrimento.

6 fará brilhar a tua justiça[13] como a luz
   e o teu juízo[14] como o sol do meio-dia.

7 Descansa no Senhor e espera nEle;
   não invejes aquele que prospera
                       no seu próprio caminho[15],
   aquele que constrói falsidades.

8 Desiste da ira e depõe o furor,
   não te exasperes, pois reverteria em mal,
9 pois os que agem mal serão exterminados,
   mas os que esperam no Senhor, esses possuirão
                                                a terra!

10 Mais um pouco, e já não existirá o ímpio;
    se procurares onde está, não o acharás.
11 Os mansos, porém, herdarão a terra,
    e deleitar-se-ão na abundância da paz.

12 O pecador conspira contra o justo,
    e range os dentes contra ele.
13 Mas o Senhor ri-se dele,
    porque vê chegar o seu dia.

---

(13) *Justiça* se usa aqui no sentido de retidão moral.

(14) *Juízo* equivale aqui a "o veredito final sobre a tua conduta".

(15) O *próprio caminho* é o da autoafirmação pessoal, prescindindo da vontade de Deus.

¹⁴ Os ímpios desembainham a espada
e retesam o arco,
para abater o pobre e miserável
e massacrar os que andam pelo caminho reto.
¹⁵ Mas o seu gládio trespassará o seu próprio coração
e os seus arcos serão partidos.

¹⁶ Mais vale o pouco que o justo possui
do que as muitas riquezas dos pecadores;
¹⁷ porque os braços dos ímpios serão quebrados,
mas o Senhor sustentará os justos.

¹⁸ O Senhor conhece os dias dos íntegros
e a herança deles será eterna.
¹⁹ Não serão confundidos no tempo da desgraça
e serão saciados nos dias de fome.

²⁰ Os pecadores, porém, perecerão
e os inimigos do Senhor fenecerão
como o brilho dos prados,
desaparecerão como o fumo.

²¹ O ímpio pede emprestado e não paga,
ao passo que o justo tem compaixão e dá,
²² porque aqueles que o Senhor abençoa herdarão a terra, mas os que amaldiçoa serão exterminados.
²³ O Senhor fortalece os passos do homem
e aprova o seu caminho.
²⁴ Mesmo que caia, não se machucará,
porque o Senhor o sustenta pela mão.

²⁵ Fui jovem e já sou velho,
mas nunca vi o justo abandonado,
nem os seus filhos a mendigar o pão.
²⁶ Todos os dias [o justo] condói-se e dá,
e a sua posteridade será abençoada.

²⁷ Afasta-te do mal e faze o bem
e terás uma morada pelos séculos dos séculos,
²⁸ pois o Senhor ama a justiça
e não abandona os seus fiéis.
Os ímpios serão destruídos para sempre
e a descendência dos ímpios exterminada.
²⁹ Os justos herdarão a terra,
habitá-la-ão pelos séculos dos séculos.

³⁰ A boca do justo fala sabedoria
e a sua língua exprime a justiça;
³¹ a lei de Deus está no seu coração,
os seus passos não vacilarão.

³² O pecador espreita o justo
e procura exterminá-lo;
³³ mas o Senhor não o entregará nas suas mãos
nem permitirá que o condene quando for
                                      julgado.

³⁴ Espera no Senhor e guarda o seu caminho;
Ele te exaltará para que herdes a terra
e assistas ao extermínio dos pecadores.

³⁵ Vi o ímpio triunfante,
erguido como um cedro virente.

36 Passei adiante, e já não existia;
   procurei-o, e já não era.

37 Observa a inocência, contempla a equidade:
   o homem pacífico terá posteridade.
38 Os injustos perecerão todos à uma,
   a posteridade dos ímpios será exterminada.

39 A salvação dos justos vem do Senhor,
   que é o seu refúgio no tempo da tribulação.
40 O Senhor os socorre e liberta;
   arranca-os do meio dos pecadores e os salva,
   porque confiaram nEle.

Salmo 80
Súplica serena e confiada pelo favor de Deus.

2 Vós que apascentais Israel, ouvi,
   Vós que conduzis José como um rebanho;
3 Vós que vos assentais sobre os querubins[16],
                        mostrai o vosso esplendor

---

(16) A Arca da Aliança, que se conservava no Santo dos Santos do Templo de Jerusalém, trazia sobre a tampa uma grossa placa de ouro (chamada "Propiciatório") em cujas extremidades estavam lavrados dois querubins ou anjos de ouro, com as asas estendidas por sobre todo o comprimento da arca, formando uma espécie de trono majestoso. Pensava-se que a glória de Deus "repousasse" sobre as asas desses querubins (cf. Ex 25, 18-22).

diante de Efraim, Benjamim e Manassés[17].
Despertai o vosso poder e vinde,
a fim de nos salvar.

4 Ó Deus, convertei-nos;
fazei resplandecer a vossa face e seremos salvos.

5 Senhor, Deus dos exércitos,
até quando estareis irritado
com a oração do vosso povo?
6 Destes-nos a comer o pão das lágrimas
e destes-nos a beber lágrimas em abundância.
7 Tornastes-nos uma presa disputada
                    pelos nossos vizinhos,
e os nossos inimigos zombam de nós.

8 Deus dos exércitos, convertei-nos;
fazei resplandecer a vossa face e seremos salvos.
9 Arrancastes uma vinha do Egito,
expulsastes povos para a replantar.
10 Preparastes o solo para ela,
ela lançou raízes e encheu a terra.
11 As montanhas cobriram-se com a sua sombra,
os cedros de Deus com os seus ramos;

---

(17) *José* designa um dos doze patriarcas, que foi pai das tribos de *Efraim* e *Manassés*, estabelecidas no norte de Israel; *Benjamim*, a tribo que se estabeleceu na região sudeste do que seria o reino de Israel, depois da separação do reino de Judá. Figura de linguagem que equivale, aqui, a Israel inteiro.

12 ela estendeu os seus sarmentos até o mar
   e os seus rebentos até o rio[18].

13 Por que derrubastes os seus muros,
   e todos os que passam pela estrada a vindimam?

14 Devasta-a o javali da floresta,
   e serve de pasto à besta do campo.

15 Deus dos exércitos, voltai-vos,
   olhai do céu e vede a vossa vinha, e vinde visitá-la.

16 Protegei aquela que a vossa destra plantou,
   esse filho do homem que criastes para Vós.

17 Arde em fogo e está revirada:
   [aqueles que a devastam] perecerão diante da
                                ameaça do vosso rosto!

18 Esteja a vossa mão sobre o homem da vossa direita,
   sobre o filho do homem que criastes.

19 Já não nos afastaremos de Vós,
   e invocaremos o vosso nome.

20 Senhor, Deus dos exércitos, convertei-nos;
   fazei resplandecer a vossa face e seremos salvos.

---

(18) Descrição geográfica dos limites ideais de Israel: *as montanhas* são as de Judá (onde fica Jerusalém) e da Galileia, ao norte da Palestina; *os cedros de Deus* são os do Líbano, ao norte de Israel; *o mar*, o Mediterrâneo; e *o rio*, o Eufrates, considerado pelos antigos israelitas o limite oriental, embora na verdade o poder dos reis nunca tenha chegado até lá.

Salmo 118
O triunfo daquele que confiou em Deus[19].

1. [P./] Aleluia.
   Dai graças ao Senhor porque Ele é bom,
   eterna é a sua misericórdia.

2. [S./] Diga agora Israel: "O Senhor é bom,
   eterna é a sua misericórdia".
3. Diga agora a casa de Aarão:
   "Eterna é a sua misericórdia".
4. Digam todos os que temem o Senhor:
   "Eterna é a sua misericórdia".

5. [R./] Na tribulação invoquei o Senhor,
   escutou-me e levou-me para a sua amplidão.
6. O Senhor está comigo,
   não temo: que pode fazer-me o homem?

---

(19) Este salmo encerra o *Hallel* (Sl 113-118), grupo de composições que os israelitas cantavam nas grandes festas que recordavam a saída do Egito. Apresenta de forma dialogada o triunfo do rei que volta vitorioso da batalha, e é recebido pelo povo e pelos sacerdotes; aqui tentou-se sugerir como poderia ser esse diálogo, distribuindo as falas entre os prováveis participantes (P - povo; R - rei; S - sacerdotes), o que torna mais facilmente compreensível o texto do poema. O Novo Testamento aplica diversos versículos a Cristo, pois Ele é o Rei-Messias que venceu a morte; e o próprio Senhor deve tê-lo recitado durante a Última Ceia.

7 O Senhor está comigo, é meu apoio,
  [assim] posso desprezar os meus inimigos.

8 [S./] É melhor refugiar-se no Senhor
  do que confiar no homem.
9 É melhor refugiar-se no Senhor
  do que confiar nos príncipes.

10 [R./] Todos os povos me cercaram,
   mas eu os destruí no Nome do Senhor.
11 Cercaram-me de todos os lados,
   mas eu os destruí no Nome do Senhor.
12 Cercaram-me como as abelhas,
   arderam como fogo nos espinhos,
   mas eu os destruí no Nome do Senhor.
13 Forçaram-me violentamente para que eu caísse,
   mas o Senhor me socorreu.
14 O Senhor é a minha força e o meu vigor,
   tornou-se a minha salvação.

15 [S./] Há brados de júbilo e de vitória
   nas tendas dos justos:
16 "A destra do Senhor fez prodígios,
   a destra do Senhor se ergueu,
   a destra do Senhor fez maravilhas!"

17 [R./] Não hei de morrer, mas viverei
   para narrar as obras do Senhor.
18 O Senhor castigou-me duramente,
   mas não me entregou à morte.[agora]

¹⁹ Abri-me as portas da justiça[20],
e ao entrar confessarei o Senhor.

²⁰ [S./] Esta é a porta do Senhor:
só os justos entrarão por ela.

²¹ [R./] Graças vos dou porque me ouvistes
e vos fizestes meu Salvador.

²² [P./] A pedra que os arquitetos rejeitaram,
essa tornou-se a pedra angular[21];
²³ foi o Senhor quem fez isto
e é admirável aos nossos olhos.
²⁴ Este é o dia que o Senhor fez:
exultemos e alegremo-nos nele.

²⁵ [R./] Ó Senhor, salvai-me;
ó Senhor, dai-me a prosperidade!

²⁶ [P./] Bendito o que vem em Nome do Senhor!

[S./] Bendizemo-vos da casa do Senhor.

---

(20) Provável referência às portas do Templo, onde o Senhor exercia a sua justiça. Aplica-se às portas do céu, ou à graça que confere a salvação.

(21) *Pedra angular* era a pedra que formava a parte central superior de um arco, e que sustentava todas as outras no seu lugar. O próprio Cristo aplica esse versículo à sua Morte e Ressurreição (cf. Mt 28, 42 e paralelos).

27 [P./] O Senhor é Deus, Ele brilha sobre nós.

[S./] Preparai a solenidade com ramos frondosos até os ângulos do altar.

28 [R./] Vós sois o meu Deus, eu vos louvarei.
Vós sois o meu Deus, eu vos exaltarei.

29 [P./] Dai graças ao Senhor porque Ele é bom,
eterna é a sua misericórdia.

Salmo 125
Serenidade e paz.

1 Os que confiam no Senhor são como o monte
Sião,
que não vacila, eternamente firme.
2 Jerusalém, circundada pelos montes:
assim o Senhor envolve o seu povo, desde agora
e para sempre.
3 O cetro da impiedade não repousará
sobre o destino dos justos,
para que os inocentes não estendam as suas mãos
para a iniquidade.

4 Fazei bem, Senhor, aos que são bons,
e aos retos de coração.
5 Mas aos que se desviam por caminhos tortuosos,
que o Senhor os conduza com os malfeitores.
Paz para Israel!

Salmo 23
"Quem a Deus tem, nada lhe falta. Só Deus basta"[22].

1. O Senhor é meu pastor, nada me faltará.
2. Em verdes prados me faz repousar.
   Guia-me para as águas da quietude,
3. refaz a minha alma.
   Leva-me pelos caminhos da justiça
                           por amor ao seu nome.

4. Mesmo que eu ande no vale da sombra da morte,
   não temerei mal nenhum, pois Vós estais
                                     comigo.
   O vosso cajado e o vosso báculo,
   são esses que me confortam.

5. Preparais a mesa para mim
   diante dos que me oprimem;
   ungis-me a cabeça com óleo,
   a minha taça transborda.

6. A [vossa] bondade e misericórdia hão de seguir-me
   por todos os dias da minha vida,
   e habitarei na casa do Senhor
   pela longura dos dias.

---

(22) Santa Teresa de Jesus, *Poesia*, 30.

GRATIDÃO E LOUVOR

Costumamos ter muito presentes duas das finalidades da oração — pedir as coisas de que precisamos e pedir perdão pelos nossos pecados —, mas tendemos a esquecer outras duas, que são na verdade as mais importantes: agradecer e louvar. O Livro dos Salmos recorda-nos a ordem certa, uma vez que não só os hinos de ação de graças e puro louvor são os mais frequentes, como toda a oração desemboca na adoração.

Se pensarmos objetivamente, não teremos dificuldade em ver que Quem realmente conta é Deus, com os seus planos, a sua vontade e o seu amor, enquanto nós somos pouco mais do que uma pulguinha prepotente a armar barulho em algum canto obscuro do Universo. É o que recordam os Salmos 99, 97 e 47, que convidam a reconhecer a grandeza e justiça das obras divinas e a sua soberania e domínio: que Deus é Senhor absoluto do Universo.

Considerar a realidade da nossa insignificância não deprime, mas ajuda a crescer em humildade, pois esse Deus não desdenha, antes se debruça carinhosamente sobre a sua criatura. Como mostra o Sl 8, é justamente o contraste entre a grandeza de Deus e a pequenez do homem que desperta em nós uma gratidão admirada quando consideramos como o amor divino elevou e engrandeceu o ser humano. E este tema prolonga-se no Sl 103, um comovente hino à misericórdia divina para com o homem, apesar de pecador.

Mas antes de continuar, vejamos algumas observações de caráter geral. Ao passo que a angústia e o sofrimento isolam, a alegria e o louvor transbordam, contagiam e unem: quase todos os salmos desta seleção, como poderemos comprovar facilmente, desembocam em convites ao povo, aos anjos e à Criação inteira para louvar em conjunto.

A alegria que neles se manifesta nada tem de "espiritual" no sentido de "desencarnada"; antes é a simples e singela alegria humana, que explode em cânticos e aclamações, música e dança. Às vezes pode parecer-nos excessivamente feroz — por exemplo, quando se regozija com a derrota e a desgraça do inimigo —, mas não esqueçamos que o salmos retratam a alma humana tal como é, por assim dizer "em bruto", e não necessariamente como deve ser.

Os Salmos 28 e 116 traçam o itinerário que vai da libertação da aflição à alegria reconhecida, à gratidão, que muitas vezes será o caminho que nós mesmos deveremos percorrer. E apontam para uma gratidão com obras: Como hei de retribuir ao Senhor tudo aquilo que Ele me deu? (116,12).

Os salmos que seguem o 116 ilustram aspectos ou atributos de Deus que convidam à ação de graças e ao louvor, e a transformar a própria humilhação e o sofrimento em fonte de alegria (Sl 113). O 16, que São Pedro aplicará a Cristo no seu primeiro discurso aos habitantes de Jerusalém depois do Pentecostes (cf. At 2, 25-31), alude mesmo à esperança da ressurreição dos corpos e da vida eterna, fonte definitiva da esperança cristã.

A gratidão e a adoração de Deus têm a capacidade de "tirar-nos de nós mesmos" por meio da admiração, de levar-nos a ultrapassar a tendência mais ou menos permanente que temos de girar em torno dos nossos sofrimentos, problemas e necessidades, para fazer-nos olhar "para fora", para o Senhor que amamos e adoramos. Introduz-nos assim num grau mais elevado de contemplação, de conhecimento amoroso de Deus, desembocando na conclusão de que toda a glória é para Ele (Sl 115).

A máxima razão para dar graças e louvar é a Salvação que Deus concede ao homem; os Salmos 68 e 149 descrevem-na em clave coletiva, segundo a mentalidade do Antigo Testamento: a "salvação" do Povo de Israel, objeto de especial atenção e carinho por parte do Senhor. Já o 67 aponta para a ordem definitiva, que será instaurada por Cristo: a salvação está destinada a todos os povos por intermédio de Israel. Tudo o que se diz nesses salmos aplica-se espiritualmente à Igreja, que é esse novo Povo de Deus constituído "por judeus e pagãos" convertidos a Cristo, unidos não já "segundo a carne, mas no Espírito"[1].

---

(1) Cf. *Lumen Gentium*, n. 9; *Catecismo da Igreja Católica*, ns. 781-782.

Por fim, está o tema da Sabedoria divina manifestada na ordem e na beleza da Criação *(Sl 104, 95, 96). Aqui tocamos diretamente o âmago da natureza humana, pois o homem é a inteligência e a "boca" através da qual os seres irracionais louvam e adoram a Deus. Desde a origem, o ser humano foi criado com a missão de* reinar sobre tudo à semelhança de Deus *(cf. Gn 1, 26) e de* cultivar e guardar *o jardim que o Senhor plantou (cf. Gn 2, 15): este mundo. Depois da Redenção, cabe-lhe combater a desordem introduzida pelo pecado reordenando as realidades temporais segundo o plano divino original, por meio de um trabalho santamente realizado; e, fazendo desse trabalho um* sacrifício espiritual *(1 Pe 2, 5), uni-lo na Santa Missa ao sacrifício do Corpo e do Sangue de Jesus Cristo.*

Assim o cristão se faz sacerdote de toda a Criação, *com a missão de levar toda a criatura a glorificar a Deus: é o que descreve o Salmo 148. E assim todo o Universo e toda a História conduzem a essa explosão de alegria e louvor que é o Salmo 150, com o qual termina também o Saltério.*

Salmo 99
Louvor da absoluta soberania divina.

¹ O Senhor reina: tremam os povos!
   Está sentado sobre os querubins: estremeça a
                                                    terra!

2 O Senhor é grande em Sião,
excelso sobre todos os povos.

3 Louvem o vosso nome grande e temível,
porque ele é Santo.

4 Rei poderoso que amais a justiça:
Vós estabelecestes o que é reto,
exerceis em Jacó o direito e a justiça.

5 Exaltai o Senhor, nosso Deus,
e prostrai-vos diante do escabelo dos seus pés,
porque Ele é Santo.

6 Entre os seus sacerdotes estavam Moisés e Aarão,
e Samuel entre os que invocavam o seu nome:
clamavam ao Senhor, e Ele os atendia

7 e lhes falava na coluna de nuvem.
Eles guardavam os seus preceitos
e a lei que lhes havia dado.

8 Senhor, nosso Deus, Vós os ouvistes,
fostes-lhes propício,
mesmo quando puníeis os seus delitos.

9 Exaltai o Senhor, nosso Deus,
e prostrai-vos no seu monte santo,
porque santo é o Senhor, nosso Deus.

Salmo 97
Convite à alegria porque o Senhor reina e se manifesta como Rei.

1 O Senhor reina! Exulte a terra,
alegre-se a multidão das ilhas.

2. Nuvens e trevas o rodeiam,
   a justiça e o direito são o fundamento do seu trono.
3. Precede-o um fogo
   que abrasa os seus inimigos em toda a volta.
4. Os seus raios iluminam o orbe,
   a terra os vê e estremece.
5. Os montes derretem-se como cera diante do Senhor,
   diante do Senhor de toda a terra.
6. Os céus anunciam a sua justiça
   e todos os povos contemplam a sua glória.

7. Sejam confundidos todos os que adoram estátuas
   e se gloriam nos seus simulacros,
   pois todos os deuses se prostram diante dEle.

8. Sião ouve isso e se alegra,
   e as filhas de Judá[2] exultam
   por causa dos vossos juízos, Senhor.
9. Porque Vós sois o Senhor,
   Altíssimo em toda a terra,
   exaltado acima de todos os deuses.

10. Vós que amais a Deus, odiai o mal,
    pois Ele guarda as almas dos seus santos
    e os liberta das mãos dos ímpios.

---

(2) Referência às cidades de Judá, em contraste com *Sião* (Jerusalém), a cidade-mãe.

11 Ergueu-se a luz para o justo,
e a alegria para os retos de coração.
12 Alegrai-vos, ó justos, no Senhor,
e celebrai a memória da sua santidade.

Salmo 47
Aclamar a Deus.

2 Povos todos, aplaudi com as mãos,
aclamai a Deus com vozes alegres,
3 porque o Senhor é o Altíssimo, o temível,
o grande Rei da terra toda.

4 Ele submeteu-nos os povos,
pôs as nações sob os nossos pés.
5 Escolheu-nos a nossa herdade,
a glória de Jacó, seu amado.
6 Subiu Deus por entre aclamações[3],
o Senhor ao som das trombetas.

7 Cantai salmos a Deus, cantai;
cantai salmos ao nosso rei, cantai.
8 Deus é o rei de toda a terra,
cantai-lhe com mestria!

9 Deus reina sobre as nações,
Deus está no seu trono sagrado.

---

(3) Versículo profético, que a Igreja aplica à Ascensão de Cristo.

¹⁰ Os príncipes das nações reuniram-se
com o povo do Deus de Abraão,
pois a Deus pertencem os poderosos da terra:
Ele é o mais sublime.

Salmo 8
A grandeza de Deus revela-se em que o Senhor se ocupa do pequeno e o engrandece.

² Ó Senhor, Senhor nosso,
como é admirável o vosso nome em toda a terra!,
pois a vossa magnificência se ergue acima dos
céus.

³ Da boca das crianças e dos meninos de peito
preparastes um louvor
ante os vossos adversários,
para destruir os inimigos e os vingadores[4].

⁴ Quando vejo os vossos céus, obra dos vossos
dedos,
a lua e as estrelas que criastes, [penso:]

---

(4) A pequenez e a humildade dão autêntica glória a Deus, ao passo que o orgulho e a arrogância, na medida em que atribuem todo o mérito às próprias capacidades, roubam e lesam a glória divina. Esses são os "inimigos" e "vingadores" que precisam ser destruídos. Cristo aplicou essas palavras às crianças que o receberam com louvores no Domingo de Ramos, quando fez a sua entrada triunfal em Jerusalém (Mt 21, 15-16). Estes versículos são uma espécie de mote para todo o salmo.

5 "Que é o homem, para que vos lembreis dele?,
o filho do homem, para que o visiteis?"

6 Vós o fizestes pouco menor que os anjos,
de glória e honra o coroastes
7 e o constituístes sobre as obras das vossas mãos.

Tudo sujeitastes aos seus pés:
8 todas as ovelhas e todos os bois,
bem como as bestas do campo,
9 os pássaros do céu e os peixes do mar,
tudo o que anda pelos caminhos do mar.

10 Ó Senhor, Senhor nosso,
como é admirável o vosso nome em toda a terra!

Salmo 103
Bendizer a Deus pela sua misericórdia para com o homem.

1 Bendize, ó minha alma, o Senhor,
e tudo o que existe em mim bendiga o seu santo
nome.
2 Bendize, ó minha alma, o Senhor,
e não te esqueças de todos os seus benefícios.

3 Ele é quem perdoa as tuas faltas
e quem cura todas as tuas enfermidades;
4 quem salva a tua vida da morte
e te coroa de misericórdia e compaixão;

⁵ quem cumula de benefícios a tua idade
  para que a tua juventude se renove como a da
                                            águia.

⁶ O Senhor faz justiça
  e defende o direito dos que padecem injustiças.
⁷ Deu a conhecer os seus caminhos a Moisés
  e os seus feitos aos filhos de Israel.

⁸ O Senhor é compassivo e misericordioso,
  lento para a cólera e rico em misericórdia.
⁹ não repreende para sempre
  nem é eterno o seu rancor.
¹⁰ Não nos trata segundo os nossos pecados
  nem nos castiga de acordo com as nossas
                                        iniquidades.

¹¹ Porque, tanto como os céus distam da terra,
  assim prevalece a sua misericórdia
                        para com os que o temem;
¹² tanto como o Oriente dista do Ocidente,
  assim afasta de nós os nossos pecados.
¹³ Como um pai tem piedade dos seus filhos,
  assim o Senhor tem compaixão dos que o temem.

¹⁴ Porque Ele sabe de que somos feitos,
  não se esquece de que somos pó.
¹⁵ O homem! Os seus dias são como a erva:
  floresce como a flor dos campos,
¹⁶ sopra o vento, e já não subsiste,
  nem se conhece mais o seu lugar.

17 Mas a misericórdia do Senhor repousa desde
    sempre
e para sempre sobre os que o temem,
e a sua justiça estende-se aos filhos dos filhos
18 daqueles que guardam a sua aliança
e têm presentes os seus mandamentos para
    praticá-los.
19 O Senhor estabeleceu o seu trono nos céus,
e o seu reino estende-se sobre todas as coisas.

20 Bendizei o Senhor, todos os seus anjos,
poderosos guerreiros que executais as suas
    palavras,
sempre obedientes à sua voz.
21 Bendizei o Senhor, todos os seus exércitos,
servidores seus, que levais a cabo a sua vontade.
22 Bendizei o Senhor, todas as suas obras,
em todos os lugares do seu império.
Bendize, ó minha alma, o Senhor.

Salmo 28
Ação de graças porque Deus escuta as nossas súplicas.

1 A Vós, Senhor, invocarei;
meu Deus, não vos caleis diante de mim,
não seja que me guardeis silêncio
e eu me assemelhe aos que descem ao túmulo.

² Ouvi a voz da minha súplica quando clamo a Vós,
    quando ergo as mãos para o vosso templo santo.

⁶ Bendito seja o Senhor,
    pois ouviu a voz da minha súplica.
⁷ O Senhor é a minha força e o meu escudo;
    o meu coração confiou nEle e fui socorrido.
    O meu coração exultará
    e no meu canto confessá-lo-ei.

⁸ O Senhor é força para o seu povo,
    um refúgio de salvação para o seu Ungido[5].
⁹ Salvai o vosso povo e abençoai a vossa herança;
    apascentai-o e formai-o para sempre.

Salmo 116
Da aflição à alegria.

¹ Aleluia. Amo o Senhor porque escuta
    a voz do meu clamor,
² porque inclinou para mim o seu ouvido
    nos dias em que o invoquei.

---

(5) "Ungido", no antigo Israel, designava sobretudo o rei, que era ungido na cerimônia de consagração; em segundo lugar, também os sacerdotes e Profetas, e todos aqueles que desempenhavam uma missão especial a serviço de Deus. A unção indicava que essa pessoa tinha sido objeto de uma escolha especial da parte de Deus. Para o cristão, a palavra designa em primeiro lugar Cristo, o Ungido por excelência, mas também todo aquele que está unido ao Senhor pelo Sacramento do Batismo.

3 Envolviam-me os laços da morte,
   caíram sobre mim as angústias do *sheol*.
   Entrei na aflição e na ansiedade,
4 e invoquei o nome do Senhor:
   "Ó Senhor, salvai a minha alma!"

5 O Senhor é misericordioso e justo,
   o nosso Deus compadece-se.
6 O Senhor cuida dos pequeninos;
   fui humilhado e Ele me salvou.

7 Volta, alma minha, ao teu sossego,
   porque o Senhor foi bom para contigo;
8 pois arrancou-me a alma à morte,
   os olhos às lágrimas,
   os pés ao tropeço.
9 Continuarei o meu caminho diante do Senhor
   na terra dos viventes!

10 Conservei a fé, mesmo quando disse:
   "Fui extremamente humilhado".

11 Com efeito, cheguei a dizer na minha perturbação:
   "Todo o homem é mentiroso"[6].

12 Como hei de retribuir ao Senhor
   tudo aquilo que Ele me deu?

---

(6) No sentido de que não representa um ponto de apoio firme, por ser falível.

¹³ Tomarei o cálice da salvação
e invocarei o nome do Senhor[7].

¹⁴ Cumprirei os meus votos ao Senhor
na presença de todo o seu povo.
¹⁵ É preciosa aos olhos do Senhor
a morte dos seus santos.

¹⁶ Ah, Senhor, eu sou vosso servo;
vosso servo, filho da vossa escrava.
Rompestes os meus grilhões:
¹⁷ oferecer-vos-ei um sacrifício de louvor
e invocarei o nome do Senhor.

¹⁸ Cumprirei os meus votos ao Senhor
na presença de todo o seu povo.
¹⁹ nos átrios da casa do Senhor,
no meio de ti, ó Jerusalém!

Salmo 113
Convite a louvar a Deus porque Ele transforma o sofrimento em alegria.

¹ Aleluia!
Louvai, ó servos do Senhor,
louvai o nome do Senhor.

---

(7) A Igreja recomenda que se utilize este salmo para preparar a Santa Missa, *sacrifício de louvor* por excelência (cf. v. 17); com efeito, a melhor maneira de agradecer a Deus todos os seus benefícios é participar com intensidade da missa: digna, atenta e devotamente.

2. Bendito seja o nome do Senhor
   desde agora e pelos séculos.
3. Do nascer do sol ao seu ocaso,
   seja louvado o nome do Senhor.

4. O Senhor é excelso sobre todas as nações,
   a sua glória está acima dos céus.
5. Quem como o Senhor, nosso Deus,
   que mora nas alturas
6. e se inclina para olhar
   o céu e a terra?

7. Ele levanta do pó o indigente,
   ergue o pobre do esterco,
8. para fazê-lo sentar-se entre os príncipes,
   entre os príncipes do seu povo,
9. e põe a estéril à frente da casa,
   como mãe feliz de filhos.

Salmo 16
Descansar na esperança.

1. Guardai-me, ó Deus, porque espero em Vós.

2. Digo ao Senhor: "Sois o meu Senhor,
   não tenho outro bem senão Vós".
3. Para os santos que estão na terra, nobres varões,
   vai todo o meu afeto;
4. já aos que correm atrás dos deuses estrangeiros,
   multiplicam-se os seus sofrimentos.

Não lhes oferecerei as suas libações de sangue[8]
nem tomarei os seus nomes nos meus lábios.

5 Senhor, Vós é que sois a porção da minha herança
                                                                    e do meu cálice,
sois Vós que tendes nas mãos o meu destino.
6 O cordel separou para mim um lote esplêndido[9],
a minha herança agrada-me em extremo.
7 Bendigo o Senhor porque me dá compreensão,
porque mesmo de noite o coração me instrui.
8 Hei de manter o Senhor sempre à minha vista;
com Ele à minha direita, não vacilarei.
9 Por isso o meu coração se alegra
e as minhas entranhas exultam,
e até a minha carne repousa na esperança.

10 Porque não abandonareis a minha alma no *sheol*
nem permitireis que o vosso santo conheça a corrupção.
11 Dar-me-eis a conhecer os caminhos da vida,
a plenitude da alegria na vossa presença,
as delícias perpétuas à vossa destra.

---

(8) Entende-se que é aos ídolos pagãos, os "deuses estrangeiros" dos povos vizinhos.

(9) Referência à divisão de terras, feita com um barbante ou cordel.

Salmo 115
Toda a glória é para Deus.

1. Não a nós, Senhor, não a nós,
   mas ao vosso nome dai glória
   pela vossa misericórdia e pela vossa fidelidade.
2. Por que dizem as nações:
   "Onde está o Deus deles?"
3. Se o nosso Deus está nos céus
   e faz tudo o que lhe apraz!

4. Os ídolos das nações são de prata e ouro,
   são obra das mãos dos homens.
5. Têm boca, mas não falam,
   têm olhos, mas não veem.
6. Têm ouvidos, mas não ouvem,
   têm nariz, mas não podem cheirar.
7. Têm mãos, mas não apalpam,
   têm pés, mas não podem andar,
   e não clamam com a sua garganta.
8. Fazem-se semelhantes a eles os que os fabricam
   e todos os que neles confiam.

9. A casa de Israel confiará no Senhor:
   Ele é o seu amparo e o seu escudo.
10. A casa de Aarão confiará no Senhor:
    Ele é o seu amparo e o seu escudo.

¹¹ Os que temem a Deus[10] confiarão no Senhor:
Ele é o seu amparo e o seu escudo.

¹² O Senhor lembrou-se de nós
e nos dará a sua bênção;
abençoará a casa de Israel,
abençoará a casa de Aarão,
¹³ abençoará todos os que temem o Senhor,
pequenos e grandes.

¹⁴ Que o Senhor vos multiplique,
a vós e aos vossos filhos.
¹⁵ Sede benditos do Senhor,
que fez os céus e a terra.

¹⁶ Os céus são céus do Senhor,
mas a terra, Ele a deu aos filhos de Adão.
¹⁷ Não são os mortos que vos louvam, Senhor,
nem nenhum daqueles que descem ao silêncio:
¹⁸ somos nós, que vivemos, quem bendiz o Senhor
desde agora e para sempre.

---

(10) *Casa de Israel*: a descendência de Israel, todo o povo hebraico. *Casa de Aarão*: os sacerdotes do Antigo Testamento, descendentes de Aarão. *Os que temem a Deus*: todos os que adoram o Deus único e verdadeiro, mesmo entre os pagãos.

Salmo 68 (vs. 2-21.25-36)

O Senhor acompanha o seu povo em cortejo triunfal, do Sinai ao seu santuário.

² Deus se ergue, e os seus inimigos se dispersam,
 os que o odeiam fogem da sua presença.
³ Vós os dissipais como se dissipa a fumaça;
 como cera que se derrete ao fogo,
 assim perecem os pecadores diante de Deus.
⁴ Mas os justos se alegram e exultam
  na presença de Deus,
 e deleitam-se na alegria.

⁵ Cantai a Deus, cantai um salmo ao seu nome;
 abri caminho para Aquele que cavalga sobre as
  nuvens:
 "O Senhor" é o seu nome,
 rejubilai-vos na sua presença.
⁶ É o pai dos órfãos e o defensor das viúvas,
 é Deus na sua morada santa.
⁷ Deus, que faz os abandonados morarem em casas,
 que conduz os cativos à prosperidade —
 pois só os rebeldes terão de habitar no deserto.

⁸ Ó Deus, quando saíeis à frente do vosso povo,
 quando avançáveis pelo deserto,
⁹ a terra tremeu, os próprios céus se desfizeram
 diante do Deus do Sinai, diante do Deus de Israel.
¹⁰ Derramastes chuvas abundantes, ó Deus,
 restaurastes a vossa herdade extenuada.

¹¹ O vosso rebanho fixou morada numa terra
que na vossa bondade preparastes para o pobre.

¹² O Senhor proclama uma palavra,
logo são multidão as virgens que anunciam a
                                          boa nova:
¹³ "Fogem, fogem os reis dos exércitos,
e a mulher da casa reparte os despojos.
¹⁴ E vós dormis entre os redis!
As asas da pomba refulgem de prata
e as suas penas com a brancura do ouro.
¹⁵ Enquanto o Todo-poderoso dispersa os reis
                                     sobre a terra,
o Salmon cobre-se de neve"[11].

¹⁶ Monte de Deus é o monte Basã,
monte alcantilado é o monte de Basã.

---

(11) Versículos obscuros, que fazem referência à entrada do povo de Israel na Terra Prometida. A referência às "mulheres" que repartem os despojos dos povos vencidos parece uma alusão à "juíza" Débora, que liderou as tribos de Zabulon e Neftali contra os canaanitas (cf. Jz 4-5); talvez representem ao mesmo tempo uma censura para os varões israelitas, que "dormem entre os redis" (cf. Jz 5, 16) enquanto o "Todo-poderoso" tem de dispersar os reis por eles, e uma vergonha adicional para as nações conquistadas. A pomba, refulgente de riquezas, representa o povo eleito (cf. Os 7, 11). A alusão ao Salmon — "sombreado", monte das proximidades de Siquém, na Samaria — que "se cobre de neve" talvez queira indicar a velocidade com que se fez a conquista da Palestina.

17 Montes escarpados, por que invejais
a montanha em que aprouve a Deus habitar?[12]
Sim, o Senhor morará ali para sempre.
18 O cortejo de Deus são dez mil milhares:
o Senhor vem do Sinai ao seu santuário.
19 Subiste às alturas, trouxeste cativo o cativeiro;
recebestes os homens como oferenda,
para que também os rebeldes
                morem junto do Senhor Deus.

20 Bendito seja o Senhor dia após dia!
O Deus da nossa salvação carrega com os nossos
                                          fardos.
21 O nosso Deus é um Deus que salva,
e o Senhor, um senhor da morte.

25 Contemplam a vossa chegada, ó Deus,
a entrada do meu Deus, do meu rei, no
                                          santuário.
26 Vêm na frente os cantores, por último os músicos,
no meio as mocinhas tocando tamborins.
27 "Nas assembleias, bendizei a Deus,
bendizei o Senhor, vós das fontes de Israel!"
28 Ali vai Benjamim, ainda rapazinho, a conduzi-los;
os príncipes de Judá, com seus esquadrões;
os príncipes de Zabulon, os príncipes de Neftali.

---

(12) O Monte Moriá, sobre o qual estava edificado o templo de Jerusalém.

²⁹ Enviai, ó Deus, o vosso poder,
confirmai hoje, ó Deus, o que fizestes por nós.
³⁰ Os reis vos trarão presentes
ao vosso templo em Jerusalém.
³¹ Reprimi a fera dos canaviais,
a manada dos touros com os novilhos das nações:
que se prostrem com barras de prata.
Dispersai as nações que querem a guerra.
³² Que venham os aristocratas do Egito,
estenda a Etiópia as suas mãos para Deus.

³³ Reinos da terra, cantai a Deus,
cantai um salmo ao Senhor, cantai um salmo a
Deus,
³⁴ que cavalga sobre os céus dos céus para Oriente:
eis que fará ouvir a sua voz, a voz do poderio!
³⁵ Reconhecei o poder de Deus!
A sua majestade estende-se sobre Israel,
o seu poder acima das nuvens.
³⁶ Sois temível, ó Deus, no vosso santuário!
O Deus de Israel dá força e poder ao seu povo.
Bendito seja Deus!

Salmo 149
O triunfo de Israel.

¹ Aleluia!
Cantai ao Senhor um cântico novo,
ressoe o seu louvor na assembleia dos fiéis.

2. Alegre-se Israel nAquele que o fez,
   exultem em seu rei os filhos de Sião.
3. Louvem o seu nome com danças,
   cantem-lhe salmos com o tambor e a cítara,
4. porque o Senhor se compraz no seu povo
   e honra os humildes com a salvação.

5. Rejubilem os fiéis na glória,
   alegrem-se nos seus leitos.
6. Tenham na garganta louvores a Deus
   e espadas de dois gumes nas mãos,
7. para cumprir a vingança contra as nações
   e os castigos contra os povos,
8. para lançar a ferro os seus reis
   e pôr em algemas os seus nobres,
9. executando contra eles a sentença escrita.
   Esta glória está reservada a todos os seus santos.
   Aleluia!

Salmo 67

Que todos os povos e nações louvem a Deus, porque a salvação está destinada à terra inteira.

2. Tenha Deus piedade de nós e nos abençoe,
   e brilhe sobre nós o seu rosto!
3. Para que se conheça na terra o vosso caminho
   e em todas as nações a vossa salvação.

4 Louvem-vos os povos, ó Deus,
  que todos os povos vos louvem.
5 Alegrem-se e exultem as nações,
  pois julgais os povos com equidade
  e dirigis as nações da terra.

6 Louvem-vos os povos, ó Deus,
  que todos os povos vos louvem.
7 A terra deu o seu fruto,
  abençoe-nos o Senhor, nosso Deus.
8 Que Deus nos abençoe,
  e o temam todos os confins da terra.

Salmo 104
A ordem e a beleza da Criação.

1 Bendize, ó minha alma, o Senhor!
  Senhor, meu Deus, Vós sois imensamente grande!
  De majestade e esplendor vos revestis,
2 envolto em luz como num manto.

  Vós estendeis o céu como um pavilhão,
3 ergueis a vossa morada sobre as águas.
  Fazeis das nuvens o vosso carro,
  caminhais sobre as asas do vento.
4 Fazeis dos ventos os vossos mensageiros
  e dos fogos chamejantes os vossos ministros.

5 Fundastes a terra sobre bases sólidas,
  não se inclinará pelos séculos dos séculos.

⁶ O oceano a cobria como um manto,
   as águas cobriam os montes.
⁷ Mas elas fugiram diante da vossa repreensão,
   estremeceram ante a voz do vosso trovão.
⁸ Subiram as montanhas e desceram pelos vales,
   nos lugares que Vós lhes destinastes.
⁹ Estabelecestes para elas limites
                          que não serão transgredidos,
   e já não voltarão a cobrir a terra.

¹⁰ Mandais as fontes correr em torrentes,
   que atravessam por entre as montanhas.
¹¹ Ali vão beber os animais do campo
   e os onagros[13] matam a sua sede.
¹² As aves do céu habitam às suas margens
   e cantam entre a ramagem.

¹³ Das vossas moradas regais as montanhas,
   saciais a terra com o fruto das vossas obras.
¹⁴ Fazeis brotar a relva para o gado
   e plantas para servir o homem,
   que da terra extrai o pão
¹⁵ e o vinho que alegra o coração do homem,
   o óleo que lhe faz brilhar o rosto
   e o pão que lhe fortalece o coração.

¹⁶ Saciam-se [também] as árvores do Senhor,
   os cedros do Líbano que Ele plantou.

---

(13) Espécie de asno selvagem.

17 Ali aninham os pássaros,
   e nas copas a cegonha tem a sua casa.
18 Nos altos penhascos abrigam-se as cabras
                                          monteses
   e nos rochedos os arganazes.

19 Ele fez a lua para indicar as estações,
   e o sol, que conhece a hora do seu ocaso.
20 Estendeis as trevas e faz-se noite,
   e nela rondam todos os animais das selvas;
21 os filhotes de leão rugem por sua presa
   e pedem a Deus o seu sustento.
22 Mas quando o sol nasce, retiram-se
   e vão deitar-se nos seus covis.
23 Então o homem sai para o seu trabalho,
   para o seu labor até ao entardecer.

24 Ó Senhor, quão numerosas são as vossas obras!
   Todas as fizestes com sabedoria,
   a terra encheu-se com as vossas criaturas.
25 Eis o mar, imenso, espaçoso e vasto:
   ali há animais em número incontável,
   seres grandes e pequenos;
26 ali cruzam as naus,
   e o Leviatã que criastes para brincar nas ondas.

27 Todos esperam de Vós
   que lhes deis o alimento no tempo oportuno.
28 Vós lho dais e eles o recolhem;
   abris a vossa mão, e são saciados de bens.
29 Mas desviais o rosto, e eles se perturbam;

tirais-lhes o espírito[14], e desfalecem,
voltam ao pó do qual saíram.
30 Enviais, porém, o vosso espírito, e são criados
e renovais a face da terra.

31 Dure para sempre a glória do Senhor,
alegre-se o Senhor nas suas obras!
32 Ele que olha para a terra e a faz tremer,
que toca os montes e [os faz] lançar fumaça.
33 Cantarei a glória do Senhor enquanto viver,
salmodiarei ao meu Deus por todo o tempo que existir.
34 Sejam-lhe gratas as minhas palavras!
Quanto a mim, alegrar-me-ei no Senhor.
35 Desapareçam da terra os pecadores,
que já não haja ímpios.
Bendize, ó minha alma, o Senhor!

Salmo 95
Convite a todos os homens para que adorem a Deus.

1 Vinde, cantemos com júbilo ao Senhor,
aclamemos a Rocha da nossa salvação.

---

(14) O salmista usa a palavra *ruach*, que em hebraico — tanto como os equivalentes latino e grego — significa primariamente "sopro", "alento", "vento", mas se aplica metaforicamente a "alma" e "espírito".

² Apresentemo-nos diante dEle com louvores
 e cantemos-lhe salmos.

³ Porque o Senhor é Deus imenso,
 e um grande rei que está acima de todos os
 deuses.
⁴ Na sua mão estão as profundezas da terra
 e os cumes das montanhas lhe pertencem.
⁵ Dele é o mar, Ele mesmo o fez,
 e as suas mãos modelaram a terra firme.

⁶ Vinde, adoremo-lo e prostremo-nos,
 dobremos os joelhos diante do Senhor que nos
 criou,
⁷ pois Ele é o nosso Deus,
 e nós o povo que apascenta e as ovelhas da sua
 mão.

Salmo 96
Convite aos homens, aos céus, à terra e ao mar para que deem glória ao seu Criador.

¹ Cantai ao Senhor um cântico novo,
 cantai ao Senhor, ó terra inteira.
² Cantai ao Senhor, bendizei o seu nome,
 anunciai de dia em dia a sua salvação.
³ Proclamai entre as nações a sua glória,
 em todos os povos as suas maravilhas.

⁴ Porque o Senhor é grande e digno de todo o louvor,
 mais terrível do que todos os deuses.

5 Pois todos os deuses das nações são ídolos vazios,
  ao passo que o Senhor criou os céus.
6 A majestade e a beleza estão diante dEle,
  o poder e o esplendor no seu santuário.

7 Tributai ao Senhor, famílias dos povos,
  tributai ao Senhor a glória e o poder,
8 tributai ao Senhor a glória devida ao seu nome!
  Trazei oferendas e entrai nos seus átrios,
9 adorai o Senhor na magnificência do seu Santo!
  Estremece diante dEle, ó terra inteira!
10 Dizei às nações: "O Senhor reina!"
   Ele sustenta o orbe da terra, que não vacilará,
   Ele governa os povos com justiça.

11 Alegrem-se os céus e exulte a terra,
   ressoe o mar e tudo o que contém;
12 regozijem-se os campos e tudo o que há neles.
   Rejubilar-se-ão todas as árvores das florestas
13 diante do rosto do Senhor, que já vem,
   pois Ele vem julgar a terra.
   Julgará o orbe da terra com justiça
   e os povos segundo a verdade.

Salmo 148
Louvar em nome da Criação.

1 Aleluia!
  Louvai o Senhor nos céus,
  louvai-o nas alturas.

² Louvai-o, todos os seus anjos,
  louvai-o, todos os seus exércitos.

³ Louvai-o, sol e lua;
  louvai-o, todas as estrelas luzentes.
⁴ Louvai-o, céus dos céus,
  e águas todas que estais acima dos céus[15].

⁵ [Que todos esses seres] louvem o nome do Senhor,
  porque Ele mandou e foram criados.
⁶ Estabeleceu-os para sempre e pelos séculos dos
  séculos;
  deu-lhes uma lei que não passará.

⁷ Louvai o Senhor na terra,
  dragões e todos os abismos,
⁸ fogo, granizo, neve e neblina,
  vento das tormentas, que cumpre as suas ordens,
⁹ montanhas e todas as colinas,
  árvores frutíferas e todos os cedros,
¹⁰ feras e rebanhos todos,
  serpentes e aves aladas.

¹¹ Que os reis da terra e todos os seus povos,
  príncipes e juízes todos do mundo,
¹² jovens e virgens,
  velhos e crianças

---

(15) Segundo a antiga cosmologia hebraica, nos "céus dos céus" eram armazenadas as águas que Deus envia sob a forma de chuva.

¹³ louvem o nome do Senhor,
porque só o seu nome é excelso.

A sua majestade está acima do céu e da terra,
¹⁴ Ele exaltou a força do seu povo.
[Este é] o canto de todos os seus santos,
dos filhos de Israel, povo que lhe é mais próximo.
Aleluia!

Salmo 150
Doxologia final[16].

¹ Aleluia!
Louvai o Senhor no seu santuário,
louvai-o no firmamento do seu poder.
² Louvai-o pelas suas obras grandiosas,
louvai-o pela multidão das suas grandezas.

³ Louvai-o ao som da trombeta,
louvai-o com a lira e a cítara,
⁴ louvai-o com tímpanos e danças,
louvai-o com a harpa e a flauta,
⁵ louvai-o com címbalos sonoros,
louvai-o com címbalos de júbilo.
Tudo o que respira louve o Senhor!
Aleluia!

---

(16) *Doxologia:* fórmula litúrgica de louvor.

O REDENTOR

Já tivemos diversas vezes ocasião de recordar que todo o Antigo Testamento aponta para o Novo e nele encontra o seu cumprimento. Isto é especialmente verdadeiro em relação a muitos textos dos Profetas, mas também não faltam salmos em que, direta ou indiretamente, se fala de Cristo, o Messias, a Esperança de Israel.

O Salmo 92 , posto na boca do Messias, do "Justo" exaltado por Deus, convoca todos a louvarem a grandeza das obras do Senhor e a profundidade dos seus pensamentos, e esse louvor se aplica ao desígnio da Redenção mais ainda do que à obra da Criação.

O Salmo 65, depois de recordar que a salvação se estende aos confins da terra *e aos* mares longínquos *(v. 6), descreve como Deus preparou a terra de Israel para dotá-la de fecundidade. Essa bela imagem tem sido aplicada com frequência ao modo como a Santíssima Virgem foi preparada pela graça, desde a sua Concepção Imaculada, para ser a Mãe do Redentor.*

O Salmo 132 lembra a promessa feita pelo rei Davi de não morar numa casa até construir o Templo, uma morada digna para o Senhor, pois até então a

Arca da Aliança se guardava na tenda (tabernáculo) que lhe tinha servido de abrigo durante a peregrinação pelo deserto. Na ocasião (cf. 2 Sam 6-7), Deus tinha--lhe respondido que não seria ele quem construiria o Templo, mas seu filho Salomão; mas prometeu-lhe que "firmaria o trono de Davi para sempre", isto é, que o Redentor seria descendente de Davi. Os Padres da Igreja e a liturgia aplicam os versículos 6-7, que mencionam a estadia da Arca em Éfrata (Belém), a Nossa Senhora, que trouxe encerrado em seu corpo o próprio Deus encarnado.

O Salmo 98 celebra o júbilo pela vinda do Senhor que vem julgar a terra, não com um juízo de condenação, e sim de salvação: todos os confins da terra puderam ver a salvação do nosso Deus *(vs. 3).*

Por fim, o Salmo 45 começa por fazer o elogio do Rei, representante de Deus. Em sentido espiritual, aplica-se a Cristo, o Rei-Messias, o mais belo dentre os filhos dos homens, que combate pela Redenção e crava as suas flechas de verdade, mansidão e justiça no coração dos homens que se recusam a reconhecê--lo, a fim de firmar o trono — estabelecer o reinado efetivo — *do seu Pai.*

A segunda parte faz o elogio da Rainha, a mais excelsa de todas as criaturas — o que se exprime pela figura das vestes ricas e do cortejo de virgens. Os seus filhos — que somos todos nós — são por ela constituídos príncipes; e o louvor prometido pelo salmista, que Ela mesma recordou no Magnificat, *vem efetivamente ressoando pelos séculos dos séculos.*

Salmo 92
Louvar a Deus pela grandeza das suas obras.

2. É bom louvar o Senhor
   e cantar salmos ao vosso nome, ó Altíssimo;
3. proclamar de manhã a vossa misericórdia
   e a vossa fidelidade à noite,
4. com a harpa de dez cordas e a lira,
   com cânticos ao som da cítara.

5. Pois Vós me alegrais, Senhor, com os vossos feitos,
   e exulto com as obras das vossas mãos.

6. Como são grandiosas as vossas obras, Senhor!
   Quão profundos os vossos pensamentos!
7. O ignorante não as conhece
   e o tolo não os compreende.
8. Mesmo que os pecadores brotem como a relva
   e floresçam os que praticam a maldade,
   estão destinados à perdição pelos séculos dos
                                     séculos;
9. mas Vós, Senhor, sereis o Altíssimo
                   por toda a eternidade.

10. Pois eis que os vossos inimigos, Senhor,
    eis que os vossos inimigos perecerão
    e todos os que praticam a iniquidade serão
                                    dispersados.

¹¹ Exaltastes a minha cabeça como a do búfalo
   e estou banhado no óleo da abundância.
¹² Os meus olhos desprezarão os inimigos
   e os meus ouvidos ouvirão a ruína dos maus
                       que se erguem contra mim.

¹³ O justo florescerá como a palmeira,
   crescerá como o cedro do Líbano.
¹⁴ Plantados na casa do Senhor,
   florirão nos átrios do nosso Deus.
¹⁵ Até na velhice darão fruto,
   serão fecundos e bem verdejantes,
¹⁶ para anunciarem como o Senhor é reto,
   Ele que é a minha Rocha, em quem não há
                                     injustiça.

Salmo 65
Deus prepara a salvação que há de chegar até aos povos mais longínquos.

² A Vós, ó Deus, convém [cantar] um hino em Sião,
   diante de Vós, em Jerusalém, é que se devem
                                 cumprir os votos.
³ Vós dais ouvidos à oração,
  e toda a carne recorre a Vós por causa das suas
                                            culpas.
⁴ Também sobre nós recaíram as nossas
                                     impiedades,
  mas Vós as perdoareis.

⁵ Feliz aquele que escolhestes e chamastes,
pois morará nos vossos átrios.
Sejamos nós saciados com os bens da vossa casa,
com a santidade do vosso Templo.
⁶ Com admirável equidade
Vós nos ouvis, Deus da nossa salvação,
esperança dos confins da terra e dos mares longínquos.

⁷ Assentais as montanhas com a vossa força,
cingido de poder.
⁸ Aplacais o bramido do mar,
o fragor das suas ondas
e o tumulto dos povos.
⁹ Os que moram nos confins da terra temer-vos-ão
                por causa dos vossos prodígios;
rejubilar-se-ão os extremos do oriente e do
                                    ocidente.

¹⁰ Visitastes a terra e a regastes,
cumulaste-a de fertilidade.
A fonte de Deus encheu-se de águas,
e preparastes para eles o trigo,
pois fertilizastes a terra:
¹¹ irrigastes os seus sulcos, aplainastes as suas glebas;
amolecestes o solo com chuvas,
                      abençoastes a sua semente.

¹² Coroastes o ano com a vossa benignidade,
e os vossos rastros transbordam de abundância.

¹³ Gotejam as pastagens no deserto,
  cingem-se de alegria as colinas.
¹⁴ Os prados vestem-se de ovelhas
  e os vales cobrem-se de trigais:
  clamam e cantam de alegria.

Salmo 132
O Senhor promete a Davi a descendência messiânica.

¹ Lembrai-vos, Senhor, de Davi
  e de toda a sua mansidão,
² do juramento [que fez] ao Senhor —
  jurou um voto ao Poderoso de Jacó —:

³ "Não entrarei sob o teto da minha casa,
  não subirei ao leito do meu repouso,
⁴ não darei sono aos meus olhos
  nem repouso às minhas pálpebras
⁵ até que encontre um lugar para o Senhor,
  uma morada para o Poderoso de Jacó".

⁶ Ouvimos que [a Arca] estava em Éfrata,
  encontramo-la nos campos de Jaar[1].
⁷ Entremos no seu tabernáculo,
  prostremo-nos diante do escabelo dos seus pés.

---

(1) Quando Davi foi buscar a Arca da Aliança para levá-la ao Templo, ela se encontrava na aldeia então denominada Quiriat-Yearim (cf. 1 Sm 7, 1), na região de Éfrata, onde fica Belém.

⁸ Levantai-vos, Senhor, para vir ao vosso repouso,
  Vós e a Arca do vosso poder.
⁹ Revistam-se de justiça os vossos sacerdotes,
  e exultem os vossos fiéis.
¹⁰ Por Davi, vosso servo,
  não vireis as costas ao rosto do vosso Ungido[2].

¹¹ O Senhor jurou a Davi a verdade
  e não voltará atrás:
  "Porei sobre o teu trono
  um fruto do teu ventre.
¹² Se os teus filhos guardarem a minha aliança
  e os meus preceitos, que lhes mostrarei,
  também os filhos deles, para sempre,
  hão de sentar-se sobre o teu trono".

¹³ Porque o Senhor escolheu Sião,
  preferiu-o para morada sua:
¹⁴ "Este será o meu repouso pelos séculos dos séculos;
  aqui morarei, porque assim o quis.
¹⁵ Bendirei com abundância as suas provisões,
  fartarei os seus pobres de pão;
¹⁶ vestirei os seus sacerdotes de salvação
  e os seus fiéis exultarão de alegria.
¹⁷ Ali farei crescer o poder de Davi,
  prepararei uma lâmpada para o meu Ungido.
¹⁸ Cobrirei de confusão os seus inimigos,
  mas sobre ele brilhará o meu diadema".

---

(2) O Rei.

Salmo 98

Júbilo pela vinda do Redentor que vem julgar a terra.

1. Cantai ao Senhor um cântico novo
   porque fez maravilhas.

   A sua destra lhe deu a vitória,
   o seu santo braço.
2. O Senhor deu a conhecer a sua salvação,
   revelou a sua santidade aos olhos das nações.
3. Lembrou-se da sua misericórdia
   e da sua fidelidade para com a casa de Israel.
   Todos os confins da terra puderam ver
   a salvação do nosso Deus.

4. Aclamai a Deus, ó terra inteira,
   regozijai-vos, exultai e cantai.
5. Salmodiai ao Senhor com a cítara,
   com a lira e ao som da música.
6. Com a tuba de comando e a voz da trombeta de
                                         chifre
   rejubilai-vos diante do Rei-Senhor.

7. Brame o mar e tudo o que contém,
   o orbe da terra e os que nele habitam.
8. Aplaudam os rios,
   exultem os montes
9. diante do Senhor que vem julgar a terra.
   Ele julgará o orbe com justiça
   e os povos com equidade.

Salmo 45
Louvor do Rei-Messias.

2 O meu coração profere belas palavras;
   ao rei dedico a minha obra,
   e a minha língua é como a pluma de um escriba
   que escreve velozmente.

3 És o mais belo dentre os filhos dos homens,
   nos teus lábios derramou-se a graça,
   e por isso Deus te abençoou para sempre.
4 Cinge-te com a espada sobre o quadril, ó valente,
   para o teu esplendor e a tua honra.
5 Avança no teu triunfo, sobe ao teu carro
   em defesa da verdade, da mansidão e da justiça.
   Que a tua direita te ensine [a realizar] façanhas,
6 e as tuas flechas aguçadas
   — submetem-se a ti os povos —
   [se cravem] no coração dos inimigos do rei.

7 O vosso trono, ó Deus, dura pelos séculos dos
                                            séculos;
   o cetro do vosso reino é o cetro da retidão.
8 Amais a justiça e detestais a impiedade,
   e por isso Deus, o teu Deus, te ungiu
   com o óleo de alegria, acima de todos
                              os teus companheiros.

9 Todas as tuas vestes [exalam odores]
                         de mirra, aloés e cássia;
   em palácios de marfim deleitam-te as harpas.

¹⁰ Filhas de reis estão entre as vossas damas,
e à tua direita está a rainha, ornada de ouro de
Ofir.

Louvor da virgem e Rainha, que a liturgia aplica a
Nossa Senhora

¹¹ Ouve, filha, vê e inclina o teu ouvido:
esquece o teu povo e a casa do teu pai,
¹² pois o rei se encantará com a tua beleza;
ele é o teu senhor, inclina-te diante dele.
¹³ A filha de Tiro vem com presentes[3],
e os ricos do povo procurarão o teu rosto[4].

¹⁴ Radiante de glória está a filha do rei,
vestida de brocado de ouro.
¹⁵ Em roupagens multicores é conduzida até o rei.
Atrás dela as virgens, suas damas, te são trazidas.
¹⁶ Levadas no meio da alegria e do júbilo,
são trazidas ao palácio real.

¹⁷ No lugar dos teus pais estão os teus filhos,
tu os constituirás príncipes sobre toda a terra.

---

(3) *Filha de Tiro* designa, provavelmente, a própria cidade de Tiro, que envia uma embaixada de homenagem ao casamento.

(4) Até os ricos e poderosos procurarão assegurar-se do favor da rainha. Possível alusão profética ao papel de intercessora que Nossa Senhora detém na Igreja.

18 Celebrarei o teu nome em todas as gerações;
por isso te louvarão os povos para sempre
e pelos séculos dos séculos.

APÊNDICE

Das inúmeras sugestões que os Salmos oferecem à piedade pessoal, destacamos algumas — várias bem conhecidas — que podem ajudar-nos a manifestar a Deus, com palavras por Ele inspiradas, os nossos sentimentos mais íntimos, de agradecimento, de dor pelas nossas faltas, louvor, petição etc. Como é de esperar, cada qual extrairá, das páginas anteriores, outros versos que mais se adaptem ao seu estado de espírito e às suas necessidades, de modo a manter-se vivamente na presença de Deus ao longo das suas horas de trabalho e descanso. Também não é difícil converter em breves atos de oração os pensamentos expressos em tantos salmos sob a forma de reflexões sapienciais.

De dia o Senhor envia a sua misericórdia e de noite acompanha-me o seu cântico: uma oração ao Deus da minha vida (Sl 42, 9).

Abrasou-se o meu coração dentro de mim, e na minha oração acendeu-se o fogo (Sl 39, 4).

O vosso rosto, Senhor, buscarei (Sl 27, 8-9).

Como o cervo anseia pelas fontes das águas, assim vos deseja a minha alma, ó meu Deus (Sl 42, 2).

A minha alma tem sede de Deus, do Deus vivo; quando irei e contemplarei o rosto de Deus? (Sl 42, 3).

Senhor, abri os meus lábios, para que a minha boca anuncie o vosso louvor (Sl 51, 17).

Este é o dia que o Senhor fez: exultemos e alegremo-nos nele (Sl 118, 24).

O meu coração e a minha carne exultam no Deus vivo (Sl 84, 3).

Os montes derretem-se como cera diante do Senhor, diante do Senhor de toda a terra (Sl 97, 5).

Enviais o vosso espírito, e são criados e renovais a face da terra (Sl 104, 30).

Bendize, ó minha alma, o Senhor, e tudo o que existe em mim bendiga o seu santo nome (Sl 103, 1).

Louvai o Senhor nos céus, louvai-o nas alturas (Sl 148, 1).

Não a nós, Senhor, não a nós, mas ao vosso nome dai glória pela vossa misericórdia e pela vossa fidelidade (Sl 115, 1).

Tudo o que respira louve o Senhor! (Sl 150, 5).

Quem poderá enxergar todas as faltas? Limpai-me das que estão ocultas e preservai o vosso servo do orgulho, não seja que me domine! (Sl 19, 14).

Das profundezas do abismo clamo a Vós, Senhor (Sl 130, 1).

Tende piedade de mim, meu Deus, segundo a vossa misericórdia, e apagai a minha iniquidade segundo a multidão das vossas misericórdias (Sl 51, 3).

Contra Vós, só contra Vós pequei, e pratiquei o mal diante de Vós (Sl 51, 6).

Eu reconheço a minha iniquidade e o meu pecado está sempre diante de mim (Sl 51, 5).

O sacrifício [grato a] Deus é um espírito compungido: não desprezareis, ó Deus, um coração contrito e humilhado (Sl 51, 19).

Dai graças ao Senhor porque Ele é bom, eterna é a sua misericórdia (Sl 118, 1).

Disse-me Ele: "Tu és o meu filho, eu hoje te gerei. Pede-me, e te darei as nações em herança e em propriedade até os confins da terra" (Sl 2, 7-8).

Em Vós, Senhor, esperei: não seja eu confundido para sempre (Sl 31, 2).

Espera no Senhor, age varonilmente, reconforta o teu coração e confia no Senhor! (Sl 27, 14).

Lança sobre o Senhor os teus cuidados, e Ele te sustentará (Sl 55, 23).

Mesmo que eu ande no vale da sombra da morte, não temerei mal nenhum, pois Vós estais comigo (Sl 23, 4).

Mesmo que o meu pai e a minha mãe me abandonem, o Senhor me acolherá (Sl 27, 10).

Se tomar posição contra mim todo um exército, o meu coração não temerá; se se erguer contra mim a batalha, mesmo assim esperarei (Sl 27, 3).

Nas vossas mãos entrego o meu espírito; Vós me resgatastes, Senhor, Deus da verdade (Sl 31, 6).

O Senhor é a minha luz e a minha salvação, a quem temerei? O Senhor é o protetor da minha vida, de quem terei medo? (Sl 27, 1).

O Senhor é meu pastor, nada me faltará (Sl 23, 1-3).

O Senhor está comigo, não temo: que pode fazer-me o homem? (Sl 118, 6).

Eu era como um burrico diante de Vós. Mas agora estarei sempre convosco; tomastes-me pela mão direita. Guiais-me de acordo com o vosso desígnio e haveis de acolher-me na vossa glória (Sl 73, 21-24).

Esteja sobre nós o esplendor do Senhor, nosso Deus, e tornai prósperas as obras das nossas mãos (Sl 90, 17).

Vós, Senhor, sois um Deus piedoso e compassivo, paciente e rico em misericórdia e fidelidade; olhai-me e tende piedade de mim; dai a vossa força ao vosso servo, salvai o filho da vossa escrava (Sl 86, 15-16).

Falarei dos vossos mandamentos diante dos reis e não me envergonharei (Sl 119, 46)

O zelo da vossa casa me devora (Sl 69, 10).

Tenho mais discernimento do que os anciãos, porque sigo os vossos mandamentos (Sl 119, 100).

Direção geral
Renata Ferlin Sugai

Direção editorial
Hugo Langone

Produção editorial
Juliana Amato
Gabriela Haeitmann
Ronaldo Vasconcelos
Roberto Martins

Capa
Gabriela Haeitmann

Diagramação
Sérgio Ramalho

ESTE LIVRO ACABOU DE SE IMPRIMIR
A 13 DE MAIO DE 2024,
EM PAPEL OFFSET 75 g/m^2.